ATELIER

ALEXANDER KLUY
Der Regenschirm
EINE KULTURGESCHICHTE
ATELIER

Gewidmet

den Messrs. Clemens, Fennell & Levene
Imaginative Agents of the English Umbrella extraordinaire

&

dem 10. Februar, National Umbrella Day, est. 2004

»Sie wissen es am besten, Steed.
Jeder Gentleman braucht einen Regenschirm.
Ohne ihn ist er nackt.«
*Mit Schirm, Charme und Melone – Folge 113:
The Correct Way to Kill / Kennen Sie Snob?, 1967*

»Alle Menschen sind gleich – das heißt, alle Menschen,
die einen Regenschirm besitzen.«
E. M. Forster, 1910

INHALTSVERZEICHNIS

links: Jorghi Poll: Vor dem Centre
Pompidou Paris, 2023

oben: Carl Spitzweg (1808–1885), Der arme Poet, Öl auf Leinwand, 1839
unten: Carl Spitzweg, Der Sonntagsspaziergang, Öl auf Holz, 1841

Und dann steht er da. Ruhig. Distinguiert. Dünn. Ein stummer daoistischer Asket im Stiegenhaus.

Als ich aus der Wohnung gehe, harrt vor dem nachbarlichen Apartment ein Regenschirm aus. Zum Trocknen hingestellt. Zum Trocknen aufgespannt.

Er ist ganz harmlos, völlig ungefährlich; auch wenn der französische Romancier Marcel Proust dieses Utensil, gemeinsam mit der Uhr, einst als *infiniment plus pernicieux et d'ailleurs platement bourgeois* eingestuft hatte, als unendlich gefährlicher – weil rundweg bürgerlich – als Opium oder der Kris, der malaiische Dolch mit geflammter Klinge.

So bescheiden sich das Tragegerät gibt, es kann nicht leugnen, dass es Erbe einer ausgreifenden Geschichte ist. Und jedes Mal, wenn ihn die Eigentümerin oder der Nachbar in die Hand nimmt, Geschichte mit sich durch die Welt trägt.

Denn die Geschichte des Regenschirms wie seines Confrère, des Sonnenschirms, reicht, wie auf diesen Seiten zu sehen, tief zurück in die Menschheitsgeschichte, die Trockenheit suchte oder einen Schattenspender benötigte. Der Weg führt zu Königen, Päpsten und Bürgern, zu europäischen Künstlern und chinesischen Martial-Arts-Kämpfern, nach Indien, Braunau am Inn und ins rumänisch-ukrainische Grenzland, zu Impressionisten und Nietzsche und Neville Chamberlain, zu René Magritte und Mary Poppins.

Der Schirm war Signum des gehobenen, ja des allerhöchsten Standes und Ausweis prononcierter Bürgerlichkeit; und zugleich letzte Hilfe jener, die sich wie Carl Spitzwegs armer Poet von 1839 nur ein Dachkämmerchen mit lecken Dachsparren leisten konnten und sich beschirmen mussten im klammen Bett mit dünnem Plumeau. Oder er fungierte als Hüter weißer Hautnoblesse. Zu sehen auf Spitzwegs Bild einer spätbiedermeierlichen Familie 1841 bei hochsommerlichem Sonntagsspaziergang durch ein Feld. Die Figuren des Gemäldes beschirmen sich mit Paraplüs, der etwas lächerliche Paterfamilias mit einer lächerlichen Karikatur davon, er hält seinen hohen Hut auf erhobenem Gehstock über sich. So ist er, auch hier, auch damals, ein Symbol.

Ein Symbol war der Regenschirm durch weit mehr als zwei *Jahrtausende* hindurch. Er war ein Symbol für vieles, ja sogar für kosmisch alles. *If we take a thing frivolously*, meinte Gilbert Keith Chesterton, *we can take it separately, but the moment we take a thing seriously, if it were only an old umbrella, it is obvious that that umbrella opens above us into the immensity of the whole universe.* Betrachtet man leichtfertig ein Ding, dann kann man es von anderem separieren, aber in dem Moment, in dem man es ernst nimmt, und sei es auch nur ein alter Regenschirm, wird offensichtlich, dass sich dieser Schirm über uns in die Unermesslichkeit des ganzen Universums öffnet.

Ebenso bodenlos war sein Verlust. Inzwischen sprichwörtlich geworden, und seit Längerem auch eine Frage in manchem Kreuzworträtsel – in amerikanischen etwa wird gefragt: das *am häufigsten in der U-Bahn von New York City* vergessene Einzelobjekt (Antwort: u-m-b-r-e-l-l-a) –, ist das Verlustiggehen dieses Schutzobjekts symbolisch. Wenn man also einen Schirm unbedacht wie zerstreut liegen oder stehen lässt, ohne dabei unter der Hand an mutmaßliche tiefenpsychologische Konnotationen zu denken. Es ist schlichtweg peinlich, und, kommt man in einen Regensturz, noch peinsamer.

Schirmverluste gab es schon in präfreudianischen Zeiten. Im Jahr 1734 – und damals war der Schirm in deutschen Landen so exotisch wie ein Einhorn – wurde im »Frankfurter Intelligenzblatt« eine Such-Annonce aufgegeben nach einem wertvollen, verloren gegangenen *grünen Taft-Parasol.* Im Sommer 1868 wurde in einem Leserbrief, den die Londoner »Times« druckte, geklagt über die Epidemie umbrellöser Verbrechen. Schirmganoven beiderlei Geschlechts, die sich *als Dienstboten zu Einstellungsgesprächen* einfänden, würden raffiniert unter ihrer Kleidung die Schirme der prospektiven Herrschaft verbergen und sie auf Nimmerwiedersehen entführen, weil keiner von beiden, weder die sich vorstel-

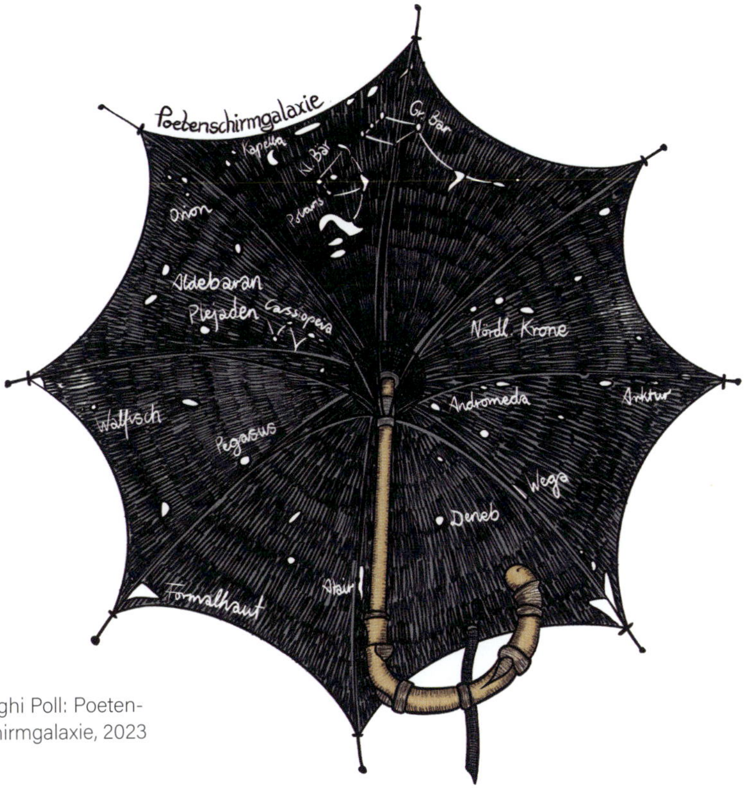

Jorghi Poll: Poetenschirmgalaxie, 2023

lende Person noch der Schirm, je wiederkäme. Fast zur selben Zeit hatte der Londoner Kolumnist Douglas Jerrold geschrieben, es würde drei Dinge geben, die nur Dummköpfe verleihen würden, weil keines davon je *den Weg zurückfinden* würde. Die drei, so Jerrold, seien: Bücher, Geld und – Regenschirme. Noch fünfzig Jahre später klagte Alfred George Gardiner über fehlende *umbrella conscience*, das nicht vorhandene Schirmgewissen frecher Diebe.

So ist denn mit James Joyce, der die Freude schon im Namen trägt, freudig fest den heute in seiner Bedeutung *oft herabgesetzten* Regenschirm, da Massenproduktion entstammend, in der Hand, Regen oder Sonneneinstrahlung mit dem »Sky Umbrella« von Tibor Kalman und Emanuela Fratini konternd – dessen Seidenbespannung ist außen schwarz, innen mit einem blauen Himmel mit Schäfchenwolken bedruckt – zu sagen: *Love me, love my umbrella.*

KAPITEL 1

Der Regenschirm: Flugwesen - oder anderes?

**Ist der Schirm ein ...
Flugwesen?**
Und dann waren sie in der Luft.
Und dann schwebten sie.
Sie wurden fort- und hoch-
und weit getragen.
Von einem Schirm.

Gut beschirmt war auch der Erfinder, der seine Figur Trot beschirmt in die Lüfte schickte. L.(yman) Frank Baum wohnte, als er 1912 sein Buch »Sky Island. Being the Further Exciting Adventures of Trot and Cap'n Bill after Their Visit to the Sea Fairies« schrieb, schon seit zwei Jahren in Hollywood, Los Angeles, in seiner Villa Ozcot. 1749 Cherokee Avenue lautete die Adresse des stattlichen Anwesens. Er konnte es sich leisten, weil seine Ehefrau Maud Gage Baum 1910 stattlich geerbt hatte. Auf respektive in Ozcot starb Baum am 6. Mai 1919; Maud sollte ihn um genau dreiunddreißig Jahre und zehn Monate überleben.

L. Frank Baum: Sky Island, Buchcover aus dem Jahr 1912, rechts: aus dem Buch

Baum hatte für das Esszimmer ein raffiniertes Beleuchtungssystem ersonnen, wodurch einfallendes Licht in Smaragdgrün verfremdet wurde. Der große Raum wurde so grün beschirmt. Und natürlich gab es in diesem großbürgerlichen Haushalt einen Konzertflügel, auf dem Noten aus

Baums bekanntesten Werken auslagen, den diversen Bühnenadaptionen seiner *Oz*-Bücher.

Das Auftaktbuch des siebzehn Einzelbände umfassenden Zyklus publizierte der 1856 geborene Vielschreiber, der mit siebzehn sein erstes gedrucktes Buch in Händen hielt, im Alter von 44 Jahren, im Auftaktjahr des neuen Jahrhunderts, »The Wonderful Wizard of Oz / Der Zauberer von Oz«. Die Hauptfigur Dorothy sollte ihn bekannt machen; und Victor Flemings Leinwandadaption 1939 mit Judy Garland trug Oz um die ganze Welt.

Nachdem Baum 1911 in »The Sea Fairies«, einem Abenteuerbuch für Kinder, erstmals von Cap'n Bill, »dem alten Seebären«, und seinem jungen Freund Trot erzählt hatte, durfte das Duo ein Jahr darauf wieder aufbrechen. Der stete Buchbegleiter des Jungen, der Trot vor die Füße fällt: ein alter, verschlissener Regenschirm, so groß wie dieser, mit einem geschnitzten hölzernen Griff, der dem Kopf eines Elefanten ähnelt, inklusive Augen und zwei kleinen Rüsseln aus Elfenbein. So alt der Schirm, so teuer die Kleider des Jungen. Die Regenzeit ist vorbei, bemerkt Trot. Daraufhin umklammert der Junge den Schirm noch stärker. Und antwortet, Schirme seien auch für *andere Dinge gut*, nicht nur bei Regen. Vor allem, da sie, wie hier, magisch sind; und mit ihnen hoch in den Himmel und durch die Lüfte und wundersam weit geflogen werden kann, bis an die US-amerikanische Westküste. Und das mehr als zwanzig Jahre, bevor die in Australien geborene englische Autorin P.(amela) L.(yndon) Travers (1899–1996) ihr mit magischem Schirm durch die Lüfte fliegendes Kindermädchen Mary Poppins 1934 erstmals literarisch herbeizauberte und in sieben weiteren Bänden beschirmt auftreten ließ (der finale erschien 1988). Eine Generation später, 1964, verzauberte Mary Poppins in Gestalt von Julie Andrews umbrellös alle Welt, und nicht nur die studioweltbunte in der gleichnamigen Disney-Verfilmung.

Screenshot von Julie Andrews aus dem Trailer für den Film »Mary Poppins«, 1964

Ist der Schirm ein … Mittelwesen?

Herbst 1888. Ein deutscher Philosoph hetzt durch Turin. Er ist Mitte vierzig. Sein Name ist Friedrich Nietzsche. In den vergangenen zwanzig Jahren hat der Pastorensohn fast jedes Jahr ein umfangreiches Buch veröffentlicht, er, der mit fünfundzwanzig – noch vor der Promotion – in Basel zum außerordentlichen Professor für klassische Philologie berufen worden war.

Ein manischer Aufschreiber ist er, gesundheitlich seit Langem angegriffen. Vor allem seine Kurzsichtigkeit wird stetig schlimmer. Was er zu Papier gebracht hat, überstieg die engen Grenzen der konventionellen Sprachwissenschaften. Er schrieb über Moral, Philosophie, Richard Wagner. 1879 gab er den Lehrposten auf und lebte fortan als, so der auffällig Bebartete selbstironisch, garçon meublé, als möblierter Herr, auf *Vagabondage aus einem ruppigen Kämmerchen* ins nächste. Als freier Schriftsteller pendelt er zwischen Graubünden im Sommer und im Winter Genua und Rapallo. Und schreibt. Und schreibt. Und geht umher mit einem Schirm.

Jetzt also Turin. Dort fühlt er sich heimisch; in Genua noch mehr – da empfindet er sich als Genueser; zu schweigen von Venedig. 1885 schrieb er in der Lagunenstadt das Gedicht »An der Brücke stand«: *Meine Seele, ein Saitenspiel, / sang sich, unsichtbar berührt.* Und fragte in der Schlusszeile: *Hörte Jemand ihr zu? …*

Korrespondierte mit dieser Frage eine andere, die er sich notiert hatte und die sich später unter den ungedruckten Fragmenten fand, ein kurzknapper Informationsschnipsel: *»Ich habe meinen Regenschirm vergessen.«*?

Was war dies? Ein Zitat? Die Selbsterinnerung eines sich entgleitenden Ichs (in den ersten Januartagen 1890 erlitt Nietzsche in Turin einen Nervenzusammenbruch und kollabierte intellektuell wie körperlich) steht für sich allein. Der Satz ist so verlassen wie der rot bespannte Schirm, den Nietzsche mit sich trug, auch als Tast- und Leitorientierungsutensil. Denn mittlerweile sah er kaum mehr etwas. So fielen die Beschreibungen der Stadt und der Menschen fast abstrakt aus. Musik traf ihn tiefer, manchmal bis ins Herz.

»Ich habe meinen Regenschirm vergessen.« Friedrich Nietzsche (1844–1900), Zeichnung von Hans Olde (1855–1917) 1899

Ein vergessener Schirm in einem vergessenen Satz. Trug ihn der altertums- wie weltwissenskundige Nietzsche mit sich, weil er des Himmels über sich stets gewahr war, auch wenn er das metaphysische Gewölbe leergeräumt und das Ableben Gottes vermeldet hatte?

Wohin gehört Nietzsches Schirmsatz?, fragte sich der Schweizer Dramatiker und Romancier Thomas Hürlimann in einem Essay. Und warum hat der Philosoph ihn in An- und Abführung gesetzt? Hürlimanns Mutmaßung: Es war einer seiner letzten, vor der Umnachtung notierten Sätze. Wer, so Hürlimann, ein Pferd umhalse, wie es Nietzsche umnachtet tat, der lasse auch den Schirm fallen. So sei dieser vielleicht auf der zentralen Piazza Carlo Alberto liegen geblieben, *ein vergessenes Requisit, dessen blutrote Färbung offenlässt, ob es eine Tragödie war oder eine Komödie.*

Dem französischen Philosophen und Nietzsche-Interpreten Jacques Derrida war der Schirm ein Mittelwesen, da er zwischen Himmel und Erde schwebe oder spaziere, so dem entspreche, was Thomas von Aquin im Mittelalter den Engeln als Eigenschaft zuschrieb, *Mittelwesen* zu sein, Vermittler zwischen Gott und den Menschen, Begleiter und zugleich mehr als das, Beschützer nämlich. Derrida, der den Schirm auch psychoanalytisch ausdeutete, meinte: *Die Gesamtheit von Nietzsches Text ist vielleicht, in höchstem Maße, vom Typ ›ich habe meinen Regenschirm vergessen‹.*

Ist der Schirm ein … Vergänglichkeitswesen?

Tsuyama, Präfektur Okayama. Rund einhunderttausend Einwohner. Wenn die österreichische Autorin Milena Michiko Flašar an diese Stadt denkt, dann als Heimatort ihrer Mutter. Melancholisch werde sie, bekannte sie im Sommer 2013, denke sie an Tsuyama. Denn diese Stadt liege im Sterben. Als Kind habe sie jeden zweiten Sommer dort verbracht, könne also einst und jetzt vergleichen. Früher seien die überdachten Einkaufsstraßen im Zentrum, die Shōtengais, belebt gewesen, hätten auf sie, das kleine Mädchen, magisch gewirkt. Es habe Topf- und Eisenwarenhändler gegeben, Buden mit frittiertem Fisch, Süßwarenläden, eine Pachinko-Halle, daneben ein Geschäft mit buddhistischen Devotionalien, erfüllt vom Duft glimmender Räucherstäbchen.

In der Regenzeit von Anfang Juni bis Mitte Juli *konnte man das Geprassel des Regens* hören. Wer seinen Schirm vergessen habe, der sei schnurstracks, manchmal klitschnass in den Laden von Frau Horie gelaufen, um sich einen neuen zu kaufen. Kaum mehr als ein Verschlag sei dieses Geschäft gewesen, aber trotz seiner spartanischen Anmutung ein Ort der Würde. Dies Wort gelte natürlich auch für alle anderen Läden, so Flašar, die sich über

Fußgängerzone mit Bürgersteigen und Papierschirmen in Higashiyama-ku, Kyoto, Japan, am frühen Morgen. Fotografie von Basile Morin

mehrere Generationen hinweg aus Pflicht und tradierter Gewerbetreue hielten, die, *von der Zeit überrollt, ihr zunächst nachhinkend, am Ende weit hinter ihr zurückbleiben,* weil, *wenn sie Atem schöpfen,* die Zeit noch schneller über sie hinweggehe.

Frau Horie, seinerzeit Mitte sechzig, sei jemand gewesen, die die Stadt lebendig gehalten habe und pittoresk und vielseitig. Sie habe nicht nur Regenschirme verkauft, auch eine Geschichte. Die Geschichte ihrer Familie, die in die der Stadt Tsuyama eingebettet gewesen sei, in dieser sich aufhob und umgekehrt die Stadt und die Shōtengais bereicherte.

Nach und nach schlossen im Lauf der Jahre Läden, den Geschäftsbetreibern mangelte es an Investitionskapital zur Renovierung, dazu kam, dass nach und nach Süßwaren und Regenschirme in Supermärkten, Drogerien und Tankstellen erhältlich waren. 2011 besuchte Flašar nochmals Tsuyama und wollte durch die Shōtengais schlendern. Es gab sie kaum mehr. Gespenstisch kam es ihr vor. Rollläden waren herabgelassen, manche seit Längerem, kaum Publikum, fast nur

Ältere und Alte. Der Laden der Frau Horie? Abgerissen. Wo er gewesen, war nun eine leere geteerte Fläche.

Und dann entdeckte sie auf dem Parkplatz eines nahe gelegenen Kaufhauses, sitzend auf einem billigen Klappstuhl, vor sich einen Eimer mit Regenschirmen, Frau Horie. Sie starrte ins Leere. Hing sie jenen Tagen nach, *in denen die Stadt und mit ihr sie selbst den Höhepunkt ihrer Blütezeit* erlebt hatte?

Einige Male kam Milena Michiko Flašar am Parkplatz vorbei. Immer saß Frau Horie am selben Platz. Nahm einen der Schirme, Standardpreis 500 Yen, in die Hand, spannte ihn auf, faltete ihn zu, drehte ihn nach links, drehte ihn nach rechts, stellte ihn zurück in den Eimer. Und das Ganze so vorsichtig, als handele es sich um etwas Zerbrechliches und Vergängliches. Sie ging mit jedem einzelnen so um, als sei er nicht ein Ding, als sei jeder Schirm ein eigenständiges Universum, in sich abgeschlossen und separiert, ein Raum im Raum, *ein Raum jenseits der Räume.*

Am letzten Tag ihres Aufenthalts in Tsuyama im Jahr 2011 machte sie einen letzten Spaziergang zu allen Geschäften im Zentrum, sie wollte sich verabschieden. Sie kaufte Frau Horie einen blauen Regenschirm ab – »*Ja, die blauen sind besonders hübsch*« –, sie dankte für das ihr ausgehändigte Geld *und verbeugte sich im Sitzen. Der Klappstuhl, auf dem sie saß, verbeugte sich mit.*

Ist der Schirm ein … Zeitenwandelwesen?

1952 nannte der Engländer David Piper die Wissenschaft der Schirmkunde, der Schirmgeschichte und Schirmkulturhistorie, »Brolliology«, abgeleitet vom englischen »brolly«, dem umgangssprachlichen Rufnamen des Regenschirms, entwicklungsbedürftig. Man müsse dabei, so Piper, keineswegs *Ordinarius in Oxford* sein noch über Reisespesen verfügen, um in entlegenen Archiven zu forschen. Das Fazit seines Aufsatzes »Geo-brolliology, or Climate and the Umbrella« war eindeutig zweideutig: Bei der Wissenschaft vom Schirm sei vieles noch immer nebulös; und dieses Feld sei so spärlich kartiert, dass Studenten auf der Suche

Octave Uzanne: L'Ombrelle, le Gant, le Manchon (Der Schirm, der Handschuh, der Muff), Paris, Quantin 1883. Buchcover von Paul Avril

nach einem Dissertationsthema weglos vor sich hin tappten.

Fast genau siebzig Jahre zuvor, im Jahr 1883, hatte der französische Schriftsteller, Journalist, Berufsbibliophile und Alltagswandelbeobachter Octave Uzanne (1851–1931) ein Buch über Schirme publiziert, »L'Ombrelle, le Gant, le Manchon«. Noch im selben Jahr wurde es ins Englische übersetzt. Darin spöttelte er geistreich, ein Archäologe könne sich einen kolossalen Privatspaß machen ... wenn er eine Untersuchung über Rolle und Bedeutung des Parasols, des Sonnenschirms, im antiken Griechenland zu schreiben sich anschicke. Dokumente und Materialien gäbe es zuhauf. Am Ende, so Uzanne ironisch, sei ein solches Buch so ausgreifend wie ein barockes Druckwerk des 16. Jahrhunderts – und habe ein Lesepublikum von exakt eins, einen Eremiten mit Schirm, der als Einziger genug Zeit habe.

Was ein Schirm ist, etwas zum Aufspannen, dessen Speichen kurz klacken, das Lautsignal, dass alles arretiert ist, welches dann gen Himmel ausbaucht, ist klar. Und muss eigentlich – eigentlich? – nicht weiter erklärt werden.

Aber was ist Regen? Was ist nun eigentlich, eigentlich nun Regen? Ist er *the soft-falling shower*, als den ihn Walt Whitman bezeichnete? In »Leaves of Grass« gab er dem Regen eine eigene, sich rhapsodisch steigernde, all- und das All umfassende Stimme: Ich bin das Gedicht der Erde, sprach die Stimme des Regens, ewig steige ich auf aus dem Land und dem bodenlosen Meere. Man kann es aber auch etwas weniger großkosmisch ausdrücken.

Etwa in Charles Bowens leichtfüßig zwischen Regentropfen hindurchspringenden Vierzeiler:

The rain it raineth every day
Upon the just and unjust fella,
But chiefly on the just, because
The unjust steals the just's umbrella!

(Der Regen regnet jeden Tag / auf die Gerecht' und Ungerechten, / vorwiegend doch auf den Gerechten / den Schirm des Rechts gestohlen hat der Ungerechte) Abwechselnd wurde dieser anmutige Vierzeiler über würdig und unwürdig Pluvierte (das lateinische pluvium bedeutet Regen) dem Autor Samuel Butler (1835–1902), seinem Zeitgenossen, dem irischen Politiker Sir George Ferguson Bowen (1821–1899), Gouverneur von nacheinander Queensland/Australien, Neuseeland, Mauritius und Hongkong, sowie einem *nicht näher spezifizierten* Bischof von London zugeschrieben.

Die Geschichte des Regenschirms und seines fröhlicheren Bruders, des Parasols, des Sonnenschirms, ist keine des Ausschlusses – im Lauf der Zeiten hat man sich nicht mit diesem Objekt »abgeschirmt«, separiert oder isoliert. Es ist vielmehr eine des Einschlusses, des Einzelnen wie im globalen Maßstab.

Eine stupende Welterfolgsgeschichte ist die Historie des Regen- oder Sonnenschirms. Wie auch eine Geschichte von Noblesse und Aristokratie und überfällig eingezogener demokratischer Egalität – schließlich ist vor Regen und unter der Sonne jedefrau und jedermann per jure wie per pluvio (pluvium, siehe links, lateinisch Regen) gleich.

Dabei wurde der Schirm allzu gern allzu vorschnell als überflüssig bezeichnet, als anachronistisch. Doch die Resilienz des Regen- wie auch des Sonnenschirms ist bemerkenswert – denn was sonst ergibt eine solch anmutige Melange aus Funktionalität und Ästhetik, Nutzen und Pracht; was spätestens dann ersichtlich und fühlbar wird, wenn man *bei Starkregen* den Schirm vergessen hat und klitschenass, pladdernass, bachnass wird.

Seine Historie ist eine des Wandels und der Verwandlung sondergleichen: von einem singulär nobilitierenden Schmuckauszeichnungsobjekt zu einem skurrilen Ding zu einem selbstverständlichen Accessoire. Von exquisiter Luxus- zu popbunter Billigproduktion. Von Sorgfalt für das in und nach der Aufklärung immer aufgeklärter für sich selbst friedvoll sorgende Individuum zu einer als grausiges Mordinstrument eingesetzten stählernen Waffe. Oder, wiederum eine überraschende Volte, als Träger wie als Namenssymbol politischer Emanzipations- und Freiheitsbewegungen.

Jorghi Poll: Unauflösbare Einheit, 2023

So komplex wie all dies ist der Schirm an sich, als zu benutzender Gegenstand: ein hochkomplexes Zusammenspiel von Speichen und Stoff, Griff, Gewicht und Öffnungs- und Schließmechanismus, von Windrichtung (kaum etwas führt Lächerlichkeit stärker vor als ein von einer zausigen Windböe umgestülpter Schirm), Luftfeuchtigkeit und – habituell unterbelichteter Faktor – Gehgeschwindigkeit. Ein Schirm ist ein kollaborativ-kooperatives Zusammenwirken von Stock, Krone, Stangen und Schieber, von Schirmdecke und Speichenenden. Wirklich gut halten lässt sich ein Schirm nur, *wenn sich die Vektorsumme aus Windkraft und Schwerkraft* in der Hand abstützt, ohne dass dabei *ein Kippmoment kompensiert* werden muss.

Ein Kippmoment ist allerdings für den »chemin rose« vonnöten. Und zwar das Kippen des Kopfes nach hinten:

Grasse, die Stadt der Düfte in der südostfranzösischen Pro-

Grasse unter rosa Schirmen

vence. Place aux Aires, rue Amiral de Grasse, rue Jean Ossola, rue Dominique Conte, rue de l'Oratoire, seit 2021 auch die Place de la Poissonnerie wie die rue Mougins Roquefort. Jedes Jahr werden sie einige Tage lang in Rosa- und Roséfarbe getaucht. Denn über ihnen, aufgespannt auf über die Straßen, Gassen und mit Platanen bestandenen Plätze gezogenen Halteseilen, schweben 1500 geöffnete Regenschirme.

Flâner, rêver, aimer, flanieren, wünschen, lieben: Mit dieser Trias wurde dies im April 2021 angepriesen. Endlich könne man wieder in der bezaubernd engen, pittoresken Altstadt Tausende Male unterm süßen Schatten eines farblich umrissenen Himmels promenieren. Und tatsächlich harmoniert das helle Rosa der Schirmbespannung trefflich und stupend mit den Fassaden der Häuser. Es ist ein alle Sinne berauschender, hochgraziöser und galanter (kein Wunder, dass sich in Grasse die Villa Musée Jean-Honoré Fragonards findet, das Museum des Rokokomalers) Farbumwechsel, eine Transformation des Schweren ins Leichte, des eigentlich Festen ins fast Schwebende, die sich vollzieht unter den bauchigen Himmeln der so überaus zivilen Parapluies. Gleich geht es sich aufgeladener, energetischer, weil ästhetisch gehoben. Die steinerne Architekturumgebung scheint zu flimmern und zu schweben. Da fehlt nur noch, als unterlegter Glückssoundtrack, Charles Trenet und dessen Chanson »Y'a d'la joie«.

Und all das im Zeichen des Schirms.

KAPITEL 2

Der Regenschirm: Geschichte und Politik

Kippmomente wie Zeiten des Staunens, der Schönheit, der Fremdheit, des Befremdens gab es viele in der langen Geschichte des Miteinanders von Mensch und Schirm. Das fing linguistisch-etymologisch schon an; dann ergänzt um Definitorisches.

Das italienische »ombrella«, das englische »umbrella« und das französische »ombrelle« leiten sich von »umbra«, lateinisch Schatten, ab. »Parasol« hat ebenfalls italienische Sprachwurzeln, es ist abgeleitet von »parasole«. *Regenschirm (Parapluie): ein Werkzeug, womit man sich gegen das Nasswerden durch den Regen schützt; es besteht aus einem geraden Stock aus Holz, Fischbein od. Metall, an welchem [...] 6–8 Stäbe aus Fischbein od. Rohr beweglich befestigt sind, über diese Stäbe ist ein Ueberzug von Leinwand, Kattun od. seidenem Zeuge gespannt. An dem Stocke kann eine Hülse auf- und niedergeschoben werden, an dieser Hülse sind starke Stücken Holz, Fischbein oder Metallstäbe befestigt, die mit dem anderen Ende an die Fischbeinstäbe so befestigt sind, dass wenn man die Hülse in die Höhe schiebt, der Schirm ausgespannt wird. Um diese Hülse in dieser Stellung fest zu erhalten, ist eine Feder an dem Stocke, um den Schirm zusammenzuhalten, ein metallener Ring od. ein Band über demselben angebracht. Den Regenschirm als Spazierstock zu benutzen, ist am Ende des Stockes ein Griff, an dem anderen eine Zwinge angebracht.* So las man es in Pierers »Universal-Lexikon der Gegenwart und Vergangenheit« von 1851, dem Jahr, in dem infolge einer enormen Hungersnot die letzte übergroße irische Emigrationswelle zu verzeichnen war.

Auch der Schirm hat wie eigentlich alles von größerem Nutz- oder feinsinnigem Genusswert in der Welthistorie Migrationshintergrund.

Wann das erste Mal ein Mensch auf die Idee kam, sich mit einer Konstruktion aus Fischbein oder Holz und einem Überzug aus Leinwand, Leder, Taft oder Seide, die über den Kopf zu halten ist, zu beschatten, liegt bis heute im Dunkel der Menschheitsgeschichte. Eine Behauptung anno 1843, die Erfindung des Schirms falle in *das graueste Alterthum*, ist mit Skepsis aufzunehmen. Noch 1990 galt der Ursprung von Regen- und Sonnenschirm als *obskur* verschattet.

Unumstritten ist, dass er aus dem Orient stammt. Als Ursprungsländer wurden nacheinander *Ägypten, China und Indien* ausgemacht. Allerdings fanden sich frühzeitliche Hinweise in Babylonien, in Assyrien, in Afrika, *in Japan, in Persien*.

Ebenso unumstritten ist: Der Schirm war Hoheitssymbol. Er war Kennzeichen einer Regentschaft. Vor Schwert und Szepter war der Schirm das Insignium weltlicher oder geistlicher Obrigkeit, *der Schirm war die ursprüngliche Auszeichnung, die den Auserlesenen von der Menge schied*. Ein eminentes Beispiel für eine solch schirmige Machtdemonstration findet sich in China. Im Jahr 2000 v. Chr. wurden vierundzwanzig Schirme *dem Sohn des Himmels*, dem Kaiser, bei der Jagd vorangetragen, *kein Mandarin durfte es wagen, dieselbe Anzahl mit sich zu führen. Auch auf den vierstöckigen Schirm hatte nur der Kaiser ein Anrecht. Für hochgestellte Krieger, Zivilbeamte und Gelehrte wechselte die Zahl der Stockwerke, die Schirmform und die Farbe je nach Rang.*

Mehrstöckigkeit, Etagenzahl und Schirmfarbe waren Indizes für den Rang des Beschirmten. Schatten war abgestufter Luxus in einem strengen höfischen Kastensystem. Der Schirm wurde vom hochgestellten »Benutzer« nicht selbst getragen, sondern von einem Diener. Nicht nur aus China, auch aus Japan und Indien, aus Ägypten, Mesopotamien, Persien und aus Königreichen Alt-Afrikas sind Dokumente des Schirms als Symbol der Mächtigen erhalten. Die Alabasterreliefs des Palastes zu Nimrud bei Ninive zeigen den Herrscher von Assyrien auf einem Kriegswagen, hinter ihm *ein Diener*, der einen Schirm über des Herrschers Haupt hält.

Auch die geistliche Macht setzte den Schirm ein. Viele

Assyrischer Streitwagen mit Schirm. Die Gravur nach dem Basrelief stammt aus dem 19. Jahrhundert.

ASSYRIAN CHARIOT (FROM A BAS-RELIEF).

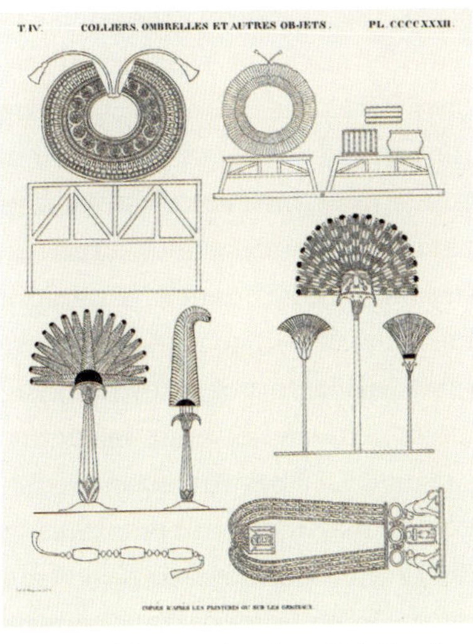

Ketten, Schirme und andere Objekte, die von ägyptischen und nubischen Malereien oder Monumenten kopiert wurden (1835–1845)

So stellten sich im 19. Jahrhundert Wilhelm Adolf Becker (1796–1846) und Frederick Metcalfe (1815–1885) das Privatleben der antiken Griechen vor. Charicles: or, Illustrations of the private life of the ancient Greeks, 1874

asiatische Religionen sahen und sehen im Schirm ein *Symbol des Himmels*; so promovierte man ihn zum spirituellen Verehrungs- und Würdezeichen.

Außer einfachen, regenwasserabweisenden Ölpapierschirmen wurden in China beispielsweise schon im 11. Jahrhundert v. Chr. Schirme *aus Seide* angefertigt. Diese wurden in einigen Fällen prachtvoll bestickt und mit Edelsteinen und Perlen verziert. *Es lässt sich schwer feststellen, ob diese Schirme nun gleich dem praktischen Gebrauch dienten oder, wie es bis heute Sitte war, nur als Zeichen der Würde galten.*

Der Schirmhistoriker Thomas Crawford vermutete vor einem halben Jahrhundert in einem maßschirmsetzenden Opus das Ägypten der Pharaonen als Land, in dem der Schirm zum Fixum der Verehrung aufstieg und entsprechend verewigt wurde. Und so aus dem schnell fließenden Fluss der Mode stieg. Um 1200 v. Chr., am Übergang von der 19. zur 20. Dynastie, gab es kunstreich gestaltete und verzierte Modelle, die, über das Haupt des Pharaos gehalten, den gewölbten Himmel über dem Regenten symbolisierten. In der ägyptischen Mythologie verkörperte die Göttin Nut den Himmel, indem sie die Erde umspannte und diese, ihren Körper wölbend, nur mit Zehen und Fingerspitzen berührte. Schu, Ägyptens Göttergegenpart zu Griechenlands Atlas, hielt Nut, indem er sie am Oberkörper und am Oberschenkel stützte, auf dass sie mit ihrem sternenübersäten Bauch *das Himmelsgewölb* bildete, das eben regenschirmförmig ausbauchte. Auf erhalten gebliebenen Deckeln von Sarkophagen sind sie manchmal in einer Position abgebildet, in der sie tatsächlich in Schirmform aufscheinen, mit Nut *als gebogenem Dach* und Schu als gerader Halterung.

Im Jainismus, einer vor über zweieinhalbtausend Jahren in Indien entstandenen Religion, die Gewaltlosigkeit ebenso vorlebt wie Toleranz, Respekt vor allen Lebe- und Naturwesen sowie asketische Anspruchslosigkeit, wird dem Universum eine Körperlichkeit zugewiesen, und zwar die eines gigantisch großen Menschen, über dessen Haupt die Verkörperung der Perfektion schwebt – in der Gestalt eines Schirms aus strahlend weißem

Gold. Dieser höchste Himmel heißt *»isat-praghbara«*, leicht gekippter Schirm. In diesen Zustand steigen die Seelen auf, wenn sie die Vollendung erreicht haben.

Den größten Respekt für den Schirm in Vorderasien gab es wohl in Burma und Siam, heute Myanmar und Thailand. Während der Hochblüte der buddhistischen Kultur im Reich von Bagan ab Mitte des 11. Jahrhunderts entschied ein König über seinen Nachfolger unter seinen Söhnen dadurch, dass er sie im Kreis um sich herum aufstellen ließ und dann einen Schirm in der Kreismitte fallen ließ. Auf wen der Schirm weisen würde, der sei der nächste Monarch. So wurde Prinz Oksana gekürt, der 1211 den Thron bestieg und den Namen »Tilominlo« annahm, *der König, den der Schirm auf den Thron hob*. Im späteren Königreich Ava (1364–1527) in Oberbirma wurde der König stolz *König der Weißen Elefanten und Herr der vierundzwanzig Schirme* genannt. Als Simon de la Loubère französischer Gesandter am birmesischen Hof wurde, hielt er 1687 fest, dass es im königlichen Audienzsaal nur eine Dekoration gab, ein Sinnbild. Es waren drei Schirme, nebeneinander drapiert. Jener in der Mitte hatte neun Etagen, die zwei anderen je sieben. Der Europäer schloss auf *eine symbolische Funktion*, ähnlich dem Baldachin. Rund 150 Jahre später verwendeten die Rajas von Cochin, dem heutigen Kochi, einer Hafenstadt im Südwesten Indiens, den Schirm *als Wasserzeichen* des Papiers, das sie für den Druck von Briefmarken verwendeten; wieder etwas später wurde in einzelne Briefmarkenmotive ein kleiner Schirm bildlich integriert.

In Japan war der Schirm kaum weniger zeremoniell belastet oder mystisch befrachtet. Es gab den »higasa«, den Papierschirm mit einem Bambusstab, und den »komori-gasa«, den Regenschirm europäischer Machart. Mit dem »naga-e« wurden Adlige zu Pferd beschattet, während der »tsumaori-gasa« ein Standescharakteristikum von Beamten, *Priestern und Mitgliedern* des kaiserlichen Hofes war. Zudem gab es noch spirituell dämonisch Angsteinjagendes, den »kasa-obake«, den Schirmgeist. Innerhalb der zeremoniell streng reglementierten japanischen Folklore zählt er zur

o. l.: Tablett mit Einlage (Ausschnitt) aus der Ming-Dynastie (1368–1644); o. m.: Textil, ca. 1700–1715 (Ausschnitt); m.: Suzuki Harunobu: Junge Frau springend vom Kiyomizu Balkon mit Schirm als Fallschirm, 1765; o. r.: Elfenbeinstatue, 18. Jh.; m. r.: Tsukioka Yoshitoshi: Nikki Bennosuke mit Regenschirm, 1866; u.: Toyohara Chikanobu, 1897

Emil Orlik: Regentag in Kyoto. 1901. bez. s. l. (seinem lieben) Pankok. Farbradierung. Bl. 8 der Mappe aus Japan, Museum für Kunst und Gewerbe, Hamburg

Klasse der »tsukumogami«, der so genannten Artefaktgeister, innerhalb der Gruppe der Yokai, der »Dämonen«, und dient zum nachhaltigen Erschrecken anderer. Seine Form ist hochoriginell: der Körper ein einziger großer zusammengerollter Papierregenschirm, dazu nur ein, dafür übergroßes Auge, ein Mund mit einer sehr lange sich entrollenden Zunge, sein Stiel ein Bein mit einem Fuß mit drei Krallen, den gelegentlich Schuhwerk schmückt. Dieser Einbeinige Regenschirm, so gelegentliche Eindeutschungen, wurde einst verhext und dazu verdammt, Spaziergänger zu alarmieren, wenn Platzregen überraschend näher kommt – doch stattdessen packte der böse Schirmgeist sie an den Armen und trug sie hinfort. Im letzten Halbjahrhundert fand er erst Eingang in japanische Filme, dann in Romane, in Anime und Manga und Computerspiele. Gelegentlich begegnet man auch Japanerinnen und Japanern, die sich, schirmbegeistert, einen »Kasaobake« als Tattoo epidermisch ewig haben stechen lassen.

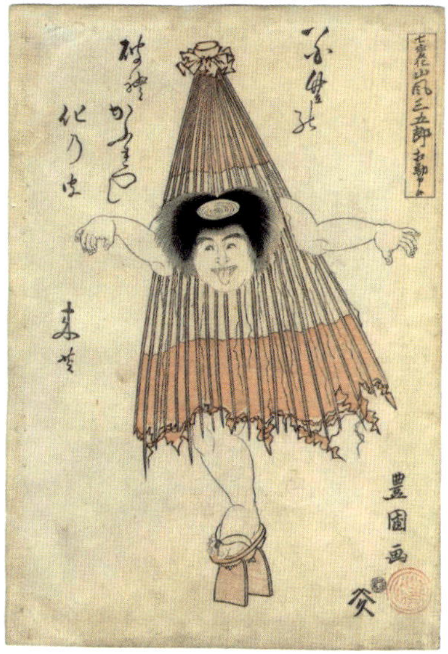

Utagawa Toyokuni I (1769–1825): der Schauspieler Arashi Sangoró III als Schirm

Im royalen Schirmschatten zu stehen, hieß übertragen: das Wohlwollen des Königs gewährt zu bekommen. So steht es in den von Luther übertragenen Psalmen der Bibel: *Wer unter dem Schirm des Höchsten sitzt und unter dem Schatten des Allmächtigen bleibt* (Psalm 91, 1); und in Jesaja 4, 5 liest man: *Und der Herr wird schaffen über alle Wohnungen des Berges Zion, und wo man versammelt ist, Wolke und Rauch des Tages, und Feuerglanz, der da brenne, des Nachts. Denn es wird ein Schirm sein über alles, was herrlich ist.*

Das apokryphe Buch Baruch, das nur auf Griechisch überliefert ist und den Namen des »Sekretärs« des Propheten Jeremias trägt, wird auf das späte zweite respektive das frühe erste Jahrhundert vor Christus datiert. Der Handlungsbogen geht von einer Gemeinde aus, die sich aus Flüchtlingen in Babylon zusammensetzt. Ihnen liest Baruch, *ein Sohn Nerijas, Enkel Machsejas, Urenkel Zidkijas* (Baruch 1, 1) vor. Als Dokument zusammengefasst wird das Schriftstück nach Jerusalem geschickt, als Lektüre zu Sukkot, dem Laubhüttenfest. Der Ewige, heißt es dort, *wird uns Kraft geben und unsere Augen erhellen, und wir werden unter dem Schatten Nebukadnezzars leben, des Königs von Babylon, und unter dem Schatten Belschazzars, seines Sohnes, und wir werden ihnen viele Tage unterworfen sein und vor ihnen Gnade finden.* (Baruch 1, 13) Des Königs und des Prinzen Schatten verdanken sich zweifelsohne einem – Schirm.

In der Basilika St. Sauveur im französischen Rennes, Foto: Edouard Hue

Parallel zur Aufwertung in Nordafrika kam der Schirm mutmaßlich via Persien erst nach Griechenland und verbreitete sich anschließend, während des dritten vorchristlichen Jahrhunderts, im nächsten Imperium, dem der Römer, als *Herrschafts-, Würde- und Rangzeichen.* Im antiken Hellas wurden Schirme nahezu ausschließlich von Frauen und bei religiösen Anlässen, bei Prozessionen getragen; in der *katholischen Kirche* erhielt sich dies, der Schirm morphte zum Baldachin, der weiterhin, etwa an Fronleichnam, als Beschirmung getragen wird; wie als bildliche Andeutung des Himmels. (Im Judentum wird noch heute unter der »chuppa« geheiratet, einem nach allen Seiten offenen Baldachin, womit signalisiert wird, dass Gäste allezeit willkommen sind.)

In Rom sank der Schirm zum rein modischen Ding und Sonnenschutz herab. In seiner »Ars amatoria«, der Liebeskunst, gibt Ovid den Ratschlag, ein Mann solle der Angebeteten den Sonnenschirm halten und ihr Platz im Gedränge der Straßen der Kapitale schaffen. Der Dichter Martial subsumiert den Schirm, »umbracula«, in einem Epigramm als *recht praktisches Ding*. Der »umbella« wurde reiner Sonnenschutz, gelegentlich symbolisch eingefärbt. So besuchten adlige Römerinnen das Kolosseum und zeigten ihre Sympathie für dieses oder jenes Team bei den Streitwagenwettrennen *durch die Farbe*, mit der die Bespannung ihres Parasols gefärbt war.

Auch Münzen wurden geschlagen, auf denen Schirme zu sehen waren, etwa eine, die in Judäa geprägt wurde zur Regentschaft des Herodes Agrippa I. 37 bis 44 n. Chr. Auf einer Seite *drei Weizenbüschel* zeigend, sieht man auf der Rückseite einen Schirm, ein Bezug auf die Fruchtbarkeit des Landes Kanaan wie auf das jüdische Laubhüttenfest im September oder Oktober. Wohl geografisch-familiäre Nähe bewog Varius Avitus Bassianus (204–222), der sich als römischer Kaiser Marcus Aurel(l)ius Antoninus nannte, ab 218 regierte und den die Nachwelt ab dem 4. Jahrhundert nur noch »Elagabal« oder »Heliogabalus« – helios, die Sonne – nennen sollte, dazu, Münzen schlagen zu lassen, auf denen Schirme zu sehen waren. Er hatte Wurzeln in Syrien und wollte von dort imperiale Konnotationszeichen nach Rom umpflanzen. Spekuliert wurde dabei über spirituelle Verbindungen zu einem *Sonnenkult*. Einen Schutz einzuführen, sollte in zeremoniellen Handlungen bedeuten, dass solare Einstrahlung theoretisch zwar alle Menschen beträfe, durch den Schirm ausgenommen und also herausgehoben wurde *aber der Herrscher*; und war so singulär.

Schatten und Schirm – Zeichen der Macht. Und dies noch bis zum Repräsentanten des letzten Weltreichs, des britischen Empire, bis ins 20. Jahrhundert, das sich eben auch visuell bereits mit einem Zeichen besonderer Macht wappnete, mit einem aufgerollten schwarzen Regenschirm. Wer in der City tätig war, dem Geschäfts- und Börsenzentrum von London, der bedurfte eines »brolly«.

Die Kirchen hatten da schon seit Jahrhunderten ebenfalls den Schirm, dies praktische Ding, adoptiert. Und ihn schon im Mittelalter als Auszeichnung prominent verbreiten lassen. So zeigt eine Illustration zu Psalm 27, 4 im Utrechter Psalter, der in Reims oder Umgebung während der Ägide Erzbischofs Ebbo (816–841) entstand, König David und sein Gefolge, zwischen beiden ein Engel, *der mit beiden Händen einen aufgespannten Schirm über den Kopf des Königs hält – im Wortlaut des Psalmes war dazu kein Anlass gegeben.* Ein weiterer Beleg ist eine Gemme aus dem späten 12. Jahrhundert. *Sie zeigt den Papst mit der Mitra zu Pferd, die Hand zum Segen erhoben. Voraus schreitet ein Kleriker mit Kreuzstab; ihm folgt ein Mann mit einem Schirm, dessen Kontur fast halbkreisförmig ist.* Im 13. Jahrhundert wurden die Hinweise zahlreicher. Gegen Mitte des Jahrhunderts wurde der päpstliche Schirm auf den Freskobildern in der Kapelle S. Silvestro der Kirche Santi Quattro Coronati im Kloster der Augustinerinnen auf dem Cello-Hügel in Rom abgebildet, Ende des Jahrhunderts auf einem Mosaik im *Baptisterium San Giovanni*, der Taufkapelle des Doms von Florenz. In einer um 1300 niedergeschriebenen Aufzeichnung über die Beamten der Kurie wurde, ganz besondere Ehre, *der Schirmträger* erwähnt. Ende des 13. Jahrhunderts hatte die römische Kirche den Schirm wie auch seine *Abwandlungen Baldachin und Traghimmel in den Kult übernommen und auch bei der Darstellung der Heiligen benützt.* Im Jahr 1177 hatte Papst Alexander III. dem Dogen von Venedig, Sebastiano Ziani, das Privileg gewährt, einen Schirm zu tragen, eine eminente Belohnung für dessen Vermittlungsdienst bei einem Treffen mit Kaiser Friedrich.

Aber auch in China, auf dem indischen Subkontinent, in Mexiko ließen sich – wie oben beschrieben – Regenten ihre Macht sichtbar beschirmen. Im Buddhismus zählt der Schirm zu einem der zwölf wichtigen Zeichen, mit Symbolkraft wie Geheimnis aufgeladen und dieses widerspiegelnd. Und, nicht unwichtig: Er ist weiß – in einer »Jataka«, der buddhistischen Wiedergeburtsgeschichte, wird rapportiert, dass *Gott Brahma* einen weißen Schirm über den Kopf Buddhas hielt, als dieser geboren wurde. Der Schatten ist kühl. Die Kühle fungiert als Prophylaxe wider Leid, steht als weltliche Metapher für Überweltliches, für den spirituellen *Schutz vor negativen Energien*. Noch vor mehr als einem halben Jahrhundert galt eine Frau mit einem kleinen *schirmförmigen Muttermal* auf der Hand als von Glück im Leben begleitet.

Asien war schirmtechnologisch dem Westen überlegen. So fand sich im Grab von Wang-Kuang, datiert auf circa 25 v. Chr., *in Lelang* im Nordwesten Koreas ein zusammenklappbarer Schirm. Etwas sehr Ähnliches, ein *hui-kai*, ein klappbarer Sonnenschirm, fand sich am zeremoniellen vierachsigen Gefährt von Wáng Mang, Kaiser von China von 9 n. Chr. bis 23 n. Chr. Als Herrscher eher glücklos, hatte er das Glück, mittels eines verborgenen Mechanismus, genannt »*pi-chi*«, den ihn bekrönenden großen Sonnenschirm zusammenfalten zu können.

Girolamo dai Libri (1474–1555): Madonna mit dem Schirm (thront mit dem Jesuskind zwischen dem Heiligen Josef, dem Heiligen Erzengel Raphael und Tobiolo-Tobias), 1530

In Zentral- und im nördlicheren Kontinentaleuropa kam der Schirm chronohistorisch spät an.

War Maria de' Medici (1575–1642) die Erste, die den Schirm aus Italien nach Frankreich brachte, als sie Henri IV. ehelichte? Oder kam er als Luxushandelsware aus dem Orient nach Frankreich? Der »parasole« scheint noch für längere Zeit nördlich der Alpen unbekannt geblieben zu sein. In Henri Estiennes' »Deux Dialogues« von 1578 fragt ein Protagonist den anderen, ob er denn jene Gerätschaft gesehen habe, die Personen von Rang in Spanien und Italien in der Hand hielten oder die über sie gehalten würden, um sich vor Fliegen und der Sonne zu schützen? Dieses Ding bestehe aus einem Stab, könne zusammengefaltet werden, geöffnet würde es rund sein und Schatten *über drei oder vier Menschen* werfen. Eine andere Italienerin von Adel, Anna Caterina Gonzaga (1566–1621), Prinzessin von Mantua und Montferrat, hatte, als sie 1582 in Innsbruck Ferdinand II. von Tirol heiratete, in ihrem Gepäck einen Sonnenschirm, der auf die beträchtliche Summe von *vier Dukaten* geschätzt wurde.

Zur selben Zeit tauchte die erste bildliche Darstellung des Schirms in England auf, auf dem von unbekannter Hand ausgeführten Lebensporträt von *Sir Henry Unton* (um 1596). In der

Sir Henry Unton (1557–1596), hier leider ohne Schirm, 1586

chronologisch gesehen dritten Sektion dieser narrativen Bildbiografie, dem Ritt in den späten 1570er-Jahren über die Alpen nach Venedig und Padua, sieht man ihn schirmbewehrt.

Zwei Jahre nach Untons Tod fand sich in John Florios »A Worlde of Wordes«, dem ersten Italienisch-Englisch-Wörterbuch, folgende Definition: *Ombrella, a fan, a canopie, also a testoon of cloth of state for a prince; also a kind of round fan or shadowing that they use to ride with in summer in Italy; a little shade.* (Ombrella, ein Fächer, eine Überdachung, ebenso eine Insignie aus Stoff als Status eines Prinzen, ebenso eine Art runder

Fächer zur Beschattung, mit dem man im Sommer in Italien ausreitet; eine leichte Beschattung.) In Ben Jonsons 1616 aufgeführten Komödie »The Devil Is an Ass« heißt es über eine Dame, die am spanischen Hof in Gegenwart des Königs ausrutscht, *A Lady fall i' the King's sight, along; And there she lay flat-spread like an* Umbrella, eine Lady sei in des Königs Sicht gefallen, sie habe so flach auf dem Boden gelegen wie ein Regenschirm.

Kannte Johnson seinen Zeitgenossen Thomas Coryate, der 1611 zu London das Buch »Crudities« über seine Italien- und Rheinfahrt hatte drucken lassen? Im Kapitel »Betrachtungen auf dem Weg von Pizzighettone nach Cremona am 17. Juni 1608« war da Folgendes zu lesen: *Was viel kostspieliger ist* [als Fächer, die er in der Passage zuvor beschreibt], *sind äußerst elegante Gegenstände, die sie in ihrer Sprache umbrella nennen und die wenigstens einen Dukaten kosten. Die tragen sie mit sich herum, damit sie ihnen in der brennenden Sonnenhitze Schutz und Schatten spenden. Sie sind aus Leder und gleichen einem kleinen Baldachin, der innen mit hölzernen Reifen versteift ist, die seinen Umfang beträchtlich erweitern. Sie werden*

Charles Le Brun (1619–1690): Le Chancelier Séguier, der Kanzler beim Einzug Ludwigs XIV. in Paris im Jahre 1660

besonders von Reitern getragen, die sie in der Hand halten, wenn sie im Sattel sitzen, oder das Ende des Griffs an ihrer Hüfte befestigen. Sie gewähren dann so viel Schatten, dass ihr ganzer Oberkörper von der Sonne geschützt ist.

Wer meint, die Einführung des Regenschirms auf dem englischen Inselreich sei so notwendig wie regenselbstverständlich (in Shakespeares »Twelfth Night / Was ihr wollt« von 1601 heißt es: *the rain it raineth every day*), um nicht zu sagen: eine eben typisch englisch pragmatische Invention gewesen, die vorbehaltlos aufgenommen wurde, der täuscht.

Auch wenn Cardiff in Wales anno 2021 die Liste der verregnetsten Ortschaften im Vereinigten Königreich anführte (dort regnete es statistisch *pro Monat an 12,4 Tagen*), die Historie des parapluie anglais war kurvig und bewegt.

unbekannt: Maison du Robinson, Ombrelles Parapluie Cannes, 1890–1900

Er dürfte, wird vermutet, *zwischen 1620 und*, so die Londoner »Times« 1991, *1630* ins Land gekommen sein. Bei diesen Schirmen handelte es sich mutmaßlich um *Direktimporte* aus China. Es brauchte noch drei Generationen, bevor der Sonnenschirm, als solcher war er bei seiner Einführung deklariert worden, nicht länger ein Objekt der Lächerlichkeit und der Belustigung war, sondern ein Ding der Praxis – und der Bewunderung. Das schloss sich keineswegs aus. Denn zu groß war der Erfolg von Daniel Defoes Roman »Robinson Crusoe« (1719), in dem der Sonnenschirm breiten, schön schattenspendenden Raum einnimmt – und für den unfreiwilligen Insulaner überlebensnotwendig wird. Mit großer Rapidität soll der umbrella ab dann in England nur noch *Robinson* genannt worden sein, nach dem Titelhelden der Abenteuergeschichte.

Bis dahin galt, charakterisiert durch den Puritanismus, der Schirm als merkwürdiges Utensil. Unter dieser Bezeichnung war er 1636 in der Liste der Gegenstände verzeichnet, die John Tradescant im »Musaeum Tradescantianum«, einer Raritäten- und Wunderdingekammer, versammelt hatte. War den Cromwellschen Rundköpfen ein frohgemut farbiger Sonnenschirm zu frivol, zu lebensbejahend? Einen Schirm zu benutzen hieß Gott zu missachten. Schließlich ließ der HErr es regnen; sich SEINem Willen zu fügen und durchnässt zu werden, war somit Christenmenschenpflicht.

Ein halbes Jahrhundert später hatte sich das öffentliche Verdikt noch um kein Schirm-Jota geändert. Als in London im Blue Coffee House in der St Swithin's Lane eine Versteigerung von Bildern und anderen Paraphernalien veranstaltet wurde, schienen auch Schirme auf, unter dem Eintrag *a fine parcel of Umbrellows with other curiositys*. Zwischen beidem, dem Kaffeehaus und Regen, bestand seinerzeit eine unmittelbare diffamierende Verbindung. Kaffeehäuser hielten Schirme für höhere Herrschaften, die den Weg von der Gasthaustür zu ihrer Kutsche anpeilten, in Reserve. Doch die, die diesen Service in Anspruch nahmen, fielen Spott und Häme zum Opfer – weil sie als verweichlicht, ja als weibisch galten; 1708 fand sich im »Dictionarium Anglo-Britannicum« eine bündige Definition inklusive des Hinweises, solche Gerätschaften würden Frauen verwenden, um sich vor Regen zu schützen. So konnte man Ende 1709 in »The Female Tatler« lesen: *The young gentleman belonging to the custom house, that for fear of the rain borrowed the umbrella at Will's coffee house, in Cornhill, of the mistress, is hereby advertised that to be dry from the head to foot on the like occasion, he shall be welcome to the maid's patterns.* (Dem jungen Gentleman des gehobenen Hauses, der aus Furcht vor Regen einen Schirm von der Dame des Hauses in Will's Kaffeehaus in Cornhill geliehen hat, wird hiermit angezeigt, dass das Trockensein von Kopf bis Fuß gegebenerweise als Anlass betrachtet werden könnte, willkommenes Vorbild junger Damen zu sein.)

Als noch wichtiger fürs Durchsetzen des Regenschirms als Defoe gilt Jonas Hanway. Der 1712 in Portsmouth geborene Sohn eines Viktualienhändlers, der bald nach Jonas Geburt verstarb, wuchs in London auf, machte eine Kaufmannslehre, ging mit 17 Jah-

James Northcote (1746–1831): Porträt von Jonas Hanway, ca. 1785

ren nach Lissabon; Handels- und Geschäftsreisen führten ihn nach Russland, nach Persien, ins ferne Astrachan. 1750 retirierte er wohlhabend, publizierte drei Jahre später ein Reisebuch und engagierte sich in den folgenden dreißig Jahren philanthropisch. 1786 verstarb er in London.

Hanway hatte den Sonnschirm auf seinen Reisen zwischen 1742 und 1750 kennengelernt (vier Jahre später erschien auf Deutsch seine zweibändige »Zuverlässige Beschreibung seiner Reisen von London durch England, Deutschland und Holland in den Jahren 1742 bis 1750 …«): *Ich bemerkte, dass die Perser sich lange nicht so sorgfältig wider die Sonnenhitze bewahrten als die Portugiesen. Die letzteren reisten selten ohne Mantel und Sonnenschirm.*

Alles andere als ein geoklimatischer Selbstläufer war es, den Engländern den Schirm schmackhaft zu machen. Hanway musste sich freche Bemerkungen anhören, er sei ein *effeminate ninny*, ein weibischer Dummkopf; Passanten blieben bass staunend stehen. Zu lächerlich war der Anblick, zu ausländisch. Doch Hanway hatte einen eisernen Willen – das zeigte auch seine energische, vergebliche Kampagne wider die Einführung des Tees in Großbritannien. Wer ihn am vehementesten anging, waren Kutscher. Fiel Regen, nahmen jene Londoner, die es sich leisten konnten, Kutschen. Ein Regenschirm? Für eine Person? Für jede Person? Schiere, unfaire Konkurrenz! So geschah es auch, dass Hanway mit Unrat beworfen wurde, sobald er mit seinem aufgespannten Regenschirm auftauchte. Als Hanway 1786 starb, besaß allerdings jeder Ort in England, Wales, Schottland und Irland mindestens einen eigenen Hanway. Gerade einmal neunzig Tage nach Hanways Dahinscheiden wurde ein Inserat in

Regenschirm im Rokoko, Kupferstich von Daniel Chodowiecki (1726–1801), 1774

der »London Gazette« platziert. *Gatward's new invented Umbrella Manufactory* offeriere, war da zu lesen, leicht zu öffnende und zu schließende Regenschirme.

Pragmatisch hatte Hanway nicht den Parasol eingeführt, wenig passend auch für die englischen Inseln – sondern als Regenschirm. Diese Einsicht lag auch für den englischen Offizier James Wolfe auf der Hand, als er im Dezember 1752 aus Paris an seinen Vater schrieb: *The people here use umbrellas in hot weather to defend them from the sun, and something of the same kind to secure them from the snow and rain.* Er fragte sich, wieso diese so nützliche Erfindung nicht längst schon in England eingeführt worden sei *where there are such frequent showers, and especially in the country, where they can be expanded without any inconveniency* (wo es solch regelmäßige Schauer gibt, vor allem auf dem Land, wo sie ohne jede Schwierigkeit aufgespannt werden können). 1768 meinte der Marquis Louis Antoine de Caraccioli, niemand verlasse in Paris mehr das

Henry William Bunbury (1750–1811): Blick auf den Pont Neuf in Paris, verschiedene Straßenhändler bieten ihre Waren an, v. l. n. r.: ein Barbier, ein Schuhputzer, ein Dandy, ein Pater, ein Soldat, eine Kofferträgerin, ein Koch, ein Limonadenverkäufer, ein Hundescherer, 1771

Haus ohne Schirm, wenn auch das Risiko dabei sei zu zeigen, dass der Schirmbewehrte sich *keine Kutsche* leisten könne. Ein Jahr später wurde einem Unternehmen das exklusive Privileg verliehen, Sonnenschirme an Fußgänger zu verleihen, die diese beim Promenieren über den *Pont Neuf* in der Hand hielten und den Parasol am gegenüberliegenden Ufer dann abzugeben hatten. Dass dies nicht das gewünschte Echo zeitigte, zeigte H. W. Bunbury in seinem Stich »View of the Pont Neuf at Paris« aus dem Jahr 1771. Darauf ist in einer satirischen Charakterparade die Karikatur eines unterwürfigen Manns zu sehen, der einen *billigen flachen Parasol* trägt; der bissigere Thomas Rowlandson schuf 1803 davon eine seitenverkehrte Version.

Da war der Regenschirm schon zur Gänze ins Alltagsleben eingewandert. In ganz Europa; dass der Komödiendichter *Carlo Goldoni* 1761 in »Le smanie per la villeggiatura« eine Figur einen Sonnenschirm hatte tragen lassen, war in Venedig schon nichts

Ungewöhnliches; heute gibt es in Gignese am Westufer des Lago Maggiore ein Schirmen gewidmetes Museum.

Kaum zivilgesellschaftlich akzeptiert, gab es die ersten Anleitungen, wie mit ihm umgehen. Und wie ihn nicht handhaben. 1809 lag Solomon Uprights Handreichung »Hints to the Bearers of Walking-Sticks and Umbrellas« bereits in dritter (!) Auflage vor. In sechs Kategorien unterteilte er die ein negatives Beispiel gebenden Schirm- und Stockträger, in *the fencer, the twirler, the arguer, the trailer, the parthian and the turnstile.* Auf Deutsch: der Fechter, der Wirbler, der Disputierer, der »Sich-Anhängende«, der Parther (man versteht unter einem Parther-Pfeil einen Pfeil, mit dem man schon im Wegdrehen noch auf den Feind schießt) und das »Drehkreuz«. Besonders eingehend, mit einer Skizze versehen und somit als »besonders abschreckend« eingestuft, wurden die Unarten von Nummer 6, The Turnstile, beschrieben: Dieser Schirmträgertypus klemme den Schirm oder Stock so unter den Arm, dass er gleichermaßen nach vorn wie hinten abstehe. Diese Art, den Schirm zu tragen, gleiche jedoch die Unannehmlichkeiten von den beiden »Unarten«, den Schirm entweder vorn oder hinten überstehen zu lassen, keineswegs aus. Die entstehenden Unannehmlichkeiten würden sich, so Upright enragiert, nicht addieren – eher multiplizieren! Ein solcher »Schirmträger« benötige *in einer Menschenmenge* den Platz von drei Personen. Und bei jeder Bewegung beschreibe er mit seinem Schirm einen Kreis, so groß wie fünf Personen nebeneinander.

1830 öffnete im Hazelwood House auf Londons New Oxford Street eine der ersten Schirmhandlungen, James Smith & Sons Ltd. Das Geschäft besteht bis zum heutigen Tag. Im bürgerlichen Zeitalter mit der ab 1837 regierenden Queen Victoria mendelte sich der Schirm rasch zum Identitätsbestandteil des Engländers. Wie in jüngerer Zeit ein Schirmhistoriker pointiert schrieb, dabei auch an Jonas Hanway denkend: *Not all heroes wear capes, but some carry umbrellas.* (Nicht alle Helden tragen Capes, aber einige tragen Schirme.)

Ein solcher Held war zweiundzwanzig Jahre später der Tüftler

oben: Thomas Rowlandson (1756–1827): Luxury – Imitation moderner Zeichnungen, 1781; unten: J. S. Duncan (1769–1844): Hinweise für Träger von Spazierstöcken und Regenschirmen, v. l. n. r.: Eine Himmelsstürmerin, ein Schildträger, ein Drehkreuz, 1809

James Gillray (1756–1815): A meeting of umbrellas, handkolorierte Farbradierung, 1782

Samuel Fox, ein Arbeiter aus London. Ihm gelang die Konstruktion *des Stahlschirmgestänges*. Das bedeutete: Nun konnte anstatt schwerer Fischbeinstangen Stahl verwendet werden. Das machte die Schirme leichter und handlicher. Damit brach die »Neuzeit« an.

Die Regenschirme sind das Hauptfabricat, da die Sonnenschirme nur wenig gebraucht werden, schrieb Stephan von Keeß 1824 in »Fabricate ... welche zur Bekleidung, zur Bequemlichkeit und zum Putze des Menschen dienen«, seiner buchlangen Aufnahme des Wiener Gewerbewesens. Die Stadt Wien kannte Mitte der 1820er-Jahre fünf verschiedene Schirmgrößen. Die Bezüge wurden aus einer Taffetbreite von 25 bis 35 Zoll herausgeschnitten. Taffet war der seinerzeitige Name für Seidentaft, ein leinwandbindiges Gewebe mit feinen Querrippen, welche durch dichte Kett- und *weniger dichte Schusseinstellung* entstehen.

In Wien, aber auch in Venedig und in Mailand *werden wohl die Vorzüglichsten [Schirme] gemacht*,

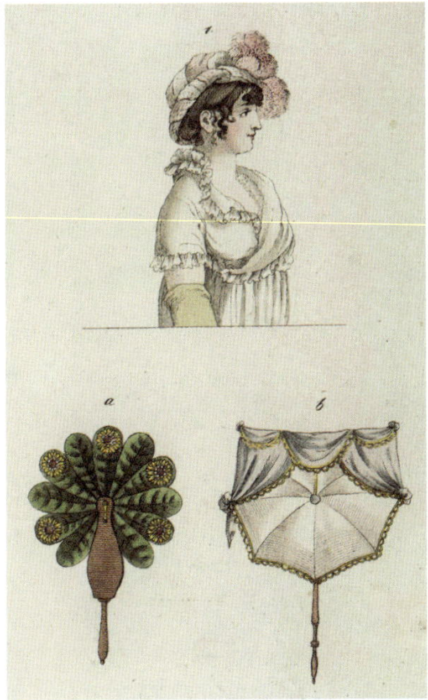

oben: Dame im Negligée, chinesischer Sonnenfächer, chinesischer Sonnenschirm, 1805; unten: Französinnen mit Sonnenschirmen und Sommerkleidern, 1822

Johann Christian Schoeller (1782–1851): Parapluie Fatalitäten in Vindabona – Unliebsame Zwischenfälle bei einem plötzlichen Windstoß, 1845

schrieb der zeitgenössische Gewerbehistoriker und Erfinder Stephan von Keeß. *Wien allein hat 9 Meister und 17 befugte Fabrikanten, welche wöchentlich 650 Pfund Fischbein verbrauchen sollen.* Er nannte zwar nicht alle neun Schirmmacher zu Wien, zählte aber immerhin sechs namentlich auf: Nicol. Winkelmann, Schneider, Bornschlägel sowie die Meister Ignaz Meißler, Georg Winkler und Josef Hummel. Letzterer hatte 1822 ein Privilegium zugesprochen bekommen für *die Erfindung neuer, sehr einfacher Charnier-Gabeln aus Draht*, und zwar für deren exklusive Herstellung in den nächsten fünf Jahren.

Am Ende des 19. Jahrhunderts widmete Arnold Ascher dem Schirmgewebe in der österreichischen Hauptstadt einen längeren Aufsatz. Er unterschied drei Betriebsformen, die Fabrik, die Stückmeisterei, die Schirmmacherwerkstätten, *welche sich zumeist mit dem Detailverkauf, der Anfertigung von bestellten einzel-*

links oben: Wilhelm Böhm: Die Knödelköchin (Illustration aus »Wien und die Wiener, in Bildern aus dem Leben«, hg. von Adalbert Stifter, Pest 1844); rechts oben: Friedrich August Matthias Gauermann: Wiener Typen – Mann mit umgedrehtem Schirm, gegen den Wind kämpfend um 1850; links unten: László Frecskay: Graf Andrassy; Erinnerung an St. Petersburg (Titelblatt von »Die Bombe«), 1. März 1874

nen Schirmen, der Reparaturen und Überziehen alter Gestelle mit neuen Stoffen abgeben. Die Mitglieder dieser Gruppe [können] *als die eigentlichen Handwerker bei der Schirmerzeugung angesehen werden*, denn sie allein erzeugten und verkauften ihre Schirme. Allerdings sei auch bei den Schirmmachern die unverfälschte Form des Handwerks *in den meisten Fällen* schon verschwunden; auch hier schlüge, *wie bei zahlreichen anderen Gewerben*, negativ zu Buche, dass der Handwerker nicht in der Lage sei, die Ware zum selben Preis herzustellen, wie er sie fertig von Fabrikanten beziehe. Ascher zufolge war die Schirmmacherei in Wien seit der »Allgemeinen österreichischen gewerblichen Gesetzkunde 1829« und damit eingeführter Gewerbeverzeichnisse zu Wien ein zünftiges Gewerbe. Ein Aufschwung setzte in der Donaukapitale ein. 1854 listeten sich bei der niederösterreichischen Handels- und Gewerbekammer *110 Schirmmacher*; fünf Jahre später waren es um 25 mehr. Schirmhändler ritterten in Wien im Jahr 1866 nur zwei gegeneinander. 1874 waren es vier, 1879 bereits dreizehn, 1882 fast dreimal so viele, nämlich 35, 1893 schließlich 47. Schirmfabriken gab es im Wien der Jahrhundertwende *etwa zwanzig*.

Heute, 120 Jahre später, findet sich in Wien ein Ort, der touristisch glücklicherweise links liegen gelassen wird. Auch wenn es regnet. Dabei ist das Schirmfachgeschäft Brigitte in der Inneren Stadt, Franz-Josefs-Kai 27, existent seit mehr als einhundert Jahren, nicht nur, aber erst recht an Pluvialtagen ein Traumfundort mit Flair, an dem jede und jeder zwischen Stock- und Herren- und Kinder- und Stützschirmen und raffinierten Damenmodellen fündig werden oder seinen eigenen Schirm zur kundigen Reparatur abgeben kann. (Aber Achtung: Werden zu Rekonvaleszenz und Wiederherstellung abgegebene Regenschirme binnen eines Jahres nicht abgeholt, *müssen sie leider entsorgt werden.*) Hier finden sich auch Doppler-Regenschirme, die seit 1945 in inzwischen vierter Generation aus Braunau am Inn stammen. Dieses mittelständische Unternehmen, das auch über ein Zweigwerk in Deutschland verfügt, ist in mehr als 75 Jahren auf eine stattliche Beschäftigtenzahl angewachsen und auf ein großes Sortiment, von kurz bis extrem stabil, von klassisch schwarz bis modisch, von Carbonsteel über Fiberglas zu Holz und einem »nachhaltigen Regenschirm«, dessen Schirmdachimprägnierung frei von gesundheitsgefährdenden per- und polyfluierten Chemikalien ist. 60 Kilometer südlich, in Salzburg, findet sich in der Getreidegasse mit Kirchtag eine noch um 42 Jahre ältere Schirmmacherei, eine der europaweit raren Manufakturen, in der handwerkliche Tradition sorgsam wie elegant-stabil auf Überschirmhöhe hochgehalten wird. Die Stockschirmfestigkeit ergibt sich aus nobel ausgewählten Hölzern für die Griffe, die, in Form gefräst, sechsmal geschliffen werden; die Federn werden von Hand aus Klaviersaitendraht geformt.

In der Schweiz ist die einzig noch aktive Schirmfabrik die Strotz AG in Uznach, Kanton St. Gallen, betrieben in fünfter Generation.

Johann Albrecht von Mandelslo (1616–1644)

Es war der 10. Januar 1639. Mitten im Dreißigjährigen Krieg, der große Teile von Deutschland in unbeschirmte Wüsteneien, auf die sich Regen ergoss, verwandelt hatte, sah ein Deutscher, ein Edelmann aus dem nordwestlichen Teil Mecklenburgs, erstmals Indien. Johann Albrecht von Mandelslo war an Bord eines Schiffes, das vor Goa vor Anker gegangen war. Goa, für jeden Europäer ein verwirrend exotischer großer Handelsumschlagsplatz. Nachdem Mandelslo, der sich 1633 18-jährig der Expeditionsgesellschaft angeschlossen hatte, an Land gewesen war, hielt er seine Impressionen fest. Vor allem den Eindruck, den ein ihm unbekanntes Objekt auf ihn gemacht hatte: *Es gehet niemand/der ein wenig was sonderliches seyn will/zu Fuß ueber die Gasse/sondern lassen sich von etlichen Sclaven in Palanguinen tragen/und ueber sich grosse Quitesol oder Sonnenschirm/fuer der Sonnen Hitze/und auch zur Pracht: Etliche haben andere Sclaven beyher lauffen.* Gedruckt wurde sein Reisebericht erst neunundzwanzig Jahre später. Symbol der Macht und Schutz vor der Sonne, beides vereinte sich in dieser Nützlichkeitsinvention, die in Deutschland noch mehrere Generationen lang randständige Unbekanntheit genoss. Es durchzog schwergewichtige Lexika, jedoch recht lakonisch. In Kaspar von Stielers »Teutschem Sprachschatz« von 1681 hieß es kürzestmöglich: *Schirm/der/plur. die Schirm*; und man findet den knappen Eintrag: *Sonnenschirm/Umbella.* Dreißig Jahre später gab es die erste längere Definition in Amaranthes' (bürgerlich: Gottlieb Siegmund Corvinus, 1677–1747) »Nutzbarem, galanten und curiösem Frauenzimmer-Lexikon«, noch immer ausschließlich als Sonnenschutz: *Parasol, Heißt eigentlich ein Schirm-Tach von Wachs-Tuch, so an einem Staenglein das Frauenzimmer ueber sich traeget, um sich dadurch wider der Sonnen Hitze zu bedecken.*

Auch nachfolgende Wörterbuch-Kompileure beschrieben ihn, gelegentlich strenger mathematisch – so Gottfried D. Barth anno 1721: *Parasol, so nicht weniger, als Regen- und Sonnen-Heute, oder Sonnenfecher, denen sich das Frauenzimmer zu bedienen pfleget, zur Gerade zu rechnen seynd.* Der Parasol taucht nach 1733 auch in Messe- und in geodätischen Katalogen auf; knapp fünfzig Jahre später ist dann, vermutlich erstmals, auch die Rede vom »parapluie«, dem Regenschirm. Noch bis übers Ende des 18. Jahrhunderts benutzte man gegen Regen anderes, ein *Regentuch* oder eine Regenkappe oder den 1622 erfundenen *Filzhut*; etwas Ähnliches »erfand« 2016 der Amerikaner Alan Kaufman, den »Nubrella«, einen Regenschirm ohne Stock, 1,5 Kilogramm schwer, *ultraviolette Strahlen reflektierend*, dafür mit der Anmutung eines Rucksacks, da man ihn sich auch über die Schultern hängt; der Japaner Hiroshi Kajimoto erfand den »Unbrella«, bei dem die Konstruktion umgekehrt ist, so dass, schließt man den nassen Schirm, sich die Feuchtigkeit im trichterförmigen Innern sammelt.

Frankreich war da als Schirmtrendsetter viel, viel weiter. Am Ende des Ancien Régime wuchs Schirmen Patriotismus zu, und neue Inventionen. Große, rot bespannte Schirme nutzten Händler und Fischverkäufer im Freien. Sie dienten als Standarte, auch als Waffe. 1788 war die Schirmmodefarbe des Jahres Weiß, 1789 war es Grün, 1791 wieder Rot, 1804 Blau. *MUSCADINS und INCROYABLES schlenkerten die koketten Parasols hin und her und die duftigen Schirme der MERVEILLEUSES vervollständigten die allerkühnsten Toiletten. Die PETITS ABBÉS suchten unter violetten und malvenfarbigen Schirmen Zuflucht.* 1796 bescherte eine Neuerung – damit der Schirm, der Griff war noch immer gerade, über den Arm gehängt werden konnte, brachten Schirmmanufakteure jetzt eine Schlaufe an. Diese ersetzte den Ring an der Schirmspitze, durch den die Damen einen Finger steckten, um so den Schirm kopfüber zu tragen. (Wobei die alte beringte Tragegewohnheit erst gegen Ende des 19. Jahrhunderts verklang.)

Jean de Saint-Igny (ca. 1600–1647): Reiterporträt der Anna von Österreich (1601–1666), Königin von Frankreich, 17. Jh.

Der französische König Louis-Philippe I. (reg. 1830–1848) betonte seine Bürgerlichkeit, indem er als quasi-symbolisches Zepter sich einen Parapluie erwählte; gescholten und verspottet wurde er ob des Schirms *leicht unreinlicher Erscheinung* und dessen Herkunftsland England. Da nutzten Briten Antonio Canovas überlebenshohe Statue »Mars, der Friedensstifter« bereits respektlos als Garderobehaken in Apsley House, der Residenz des Napoleon-Bezwingers von Waterloo Arthur Wellesley, 1st Duke of Wellington. Wellingtons Gäste hängten ihre Regenschirme an diesem athletischen Mars auf, für den *der Korse* Modell gesessen hatte. Dabei hatte 1813 beim Krieg gegen Napoleon der Schirm zu einer strengen Ermahnung britischer Offiziere geführt. Ein Grenadierkorps hatte nahe Bayonne eine Feldschanze eingenommen, einige Offiziere versuchten sich mittels Schirmen zu schützen, woraufhin Lord Wellington einen Kurier zu ihnen sandte, der ausrichtete: Seine Lordschaft lehne den Einsatz von

Regenschirmen im Kampf ab, und Söhne von Gentlemen sollten sich unterstehen, sich unter den Augen der Feinde *lächerlich zu machen.* Noch heute ist übrigens den Soldaten des US Marine Corps untersagt, zur Uniform einen Regenschirm, aufgespannt oder nicht aufgespannt, zu tragen; Marinesoldatinnen ist bei Dienst im Regenwetter erlaubt, ein schwarzes, einfaches Modell mit sich zu führen, dies jedoch nicht, wenn sie *combat uniform tragen.*

Wenige Jahre nach Napoleons Tod 1821 waren auf den Straßen der Großstädte fliegende Händler zu sehen und zu hören, die Schirme anpriesen und feilboten. Das *Geschmacksmonopol* war unwiderruflich auf das Bürgertum übergegangen. *Die aristokratische Gesellschaft, die so lange den Ton angegeben hatte, war gefahren, die bürgerliche, [...] bewegte sich zu Fuß.* Ideologisch entsprach es den Zeiten: *Da unser Schirm ein Schutzdach gegen den Regen ist, beweist ein Mann, der häufig damit ausgeht, Vorsorglichkeit und hausväterliches Wesen, hinter denen man oft kleinliche und spießerische Ängstlichkeit wittert. Dieses Vorurteil geht hauptsächlich von jenem umständlichen Parapluie des Biedermeiers aus, von jenem ›Familiendach‹, das der bedächtige Hausvater jener Zeit bei keinem Gang ins Freie vergaß.*

Bis 1843 hatte die französische Firma Cazal seit mehr als einem halben Jahrhundert – und dies war der Zeitraum, in dem sich die Sensibilität des aufgeklärten Individuums bezüglich *meteorologischer Phänomene* intensivierte und in Briefen und Tagebüchern festgehalten wurde, Thomas Jefferson machte ab 1776 fünfzig Jahre lang zwei Wetterzustandsnotizen pro Tag – eine große Zahl von Patenten, die Produktion von Schirmen betreffend angemeldet. Renate Marie Cazal kam auf eine geniale Lösung, mit welcher das althergebrachte Problem, wie der Schirm zu schließen und korrekt einzurollen war, gelöst wurde – *mittels eines Bandes*, an dessen Ende ein kleiner Ring befestigt ist, der zu einem an der Bespannung aufgenähten Knopf passt. Bis heute hat niemand (trotz Klettverschluss) diese Innovation verbessern können. Ein noch bedeutenderer Erneuerer war im ersten Drittel ein anderer Pariser gewesen, Jean Marius,

Satirische Lithografie eines anonymen französischen Künstlers des 19. Jh.

dem ob Inventionen wie einem Zwergschirm, der *in die Tasche zu stecken* war – ein »Proto-Knirps« mehr als zwei Jahrhunderte vor dem zusammenschiebbaren »Knirps«-Schirm mit Teleskopgestell, den Hans Haupt aus Solingen 1927 erfand und der ab der Patentierung 1932 erfolgreich wurde –, mehrere lukrative Privilegien gewährt wurden.

Auch das Militär des britischen Empire nahm im Viktorianismus den »brolly« neuerlich in Gebrauch. Während des Krimkriegs 1856 erschien Lord Raglan mit einem großen Schirm; General Charles George Gordon, »Gordon von Khartum«, nahm auf die Kampagne gegen den Mahdi *im Sudan* einen Schirm mit.

In der zivilen Mode wechselten sich trendige Schirmgrößen ab. Sie wurden kleiner und klein, bis ganz klein, bis zum sogenannten Knicker. Dann wieder größer. Sie wurden mit Spitzenvolants dekoriert, mit Taftrüschen, mit langen Seidenfransen. Es gab Schirme aus Stroh. Zu bestimmten *Uniformen*, etwa den schwarzen der französischen Zöllner, wurden schwarze Schirme ausgegeben, die zudem in einer schwarzen Hülle steckten – Tarnfarben, um des Nachts bei Regen sich nicht vorzeitig Schmugglern und andrem Gelichter zu zeigen. Sarah Bernhardt löste mit ihrer Verkörperung von Dumas' »Kameliendame« 1881 in Paris eine Japanmode aus, inklusive japanischer Papierschirme mit Bambusgriff. Im Fin de Siècle kamen riesige und stark gewölbte Schirme mit sehr langen Stielen auf. Besonders exquisite Modelle waren aus Seide und von Hand bemalt.

Schon 1904 hatte ein unbekannter englischer Erfinder etwas fabriziert, was man eigentlich auf die Pop-Ära des 20. Jahrhunderts datierte (den durchsichtigen Schirm *in Glockenform aus Plastik* kreierte Emmanuelle Khahn 1970) – Schirme aus Glas. Das französische Magazin »Le Soleil« kommentierte baff: *Le parapluie vitré? C'est une conception, mon Dieu!* Und schrieb diese Neuerung fantasievoll einem russischen Großfürsten zu, der in den Weiten Sibiriens eines solchen Schirms bedürfe, weil er solcherart tollwütige wilde Hunde rechtzeitig sehen könne.

1908 war Dernier Cri, die Schirme mit Tierköpfen zu dekorieren. Zwei Jahre später erreichten Schirmstöcke die Länge von 1,20 Meter, waren aus spanischem Rohr oder aus Hölzern von den westindischen Inseln gefertigt, einige hatten Griffe aus vergoldetem Silber und imitierten den Stil Ludwigs XVI. 1912 gab es erste Mode-Couturiers, die Schirme auf die von ihnen entworfenen Kostüme abstimmten. Im Frühjahr 1917 gab es eine exotische Novität, farbige Schirme aus grober Seide,

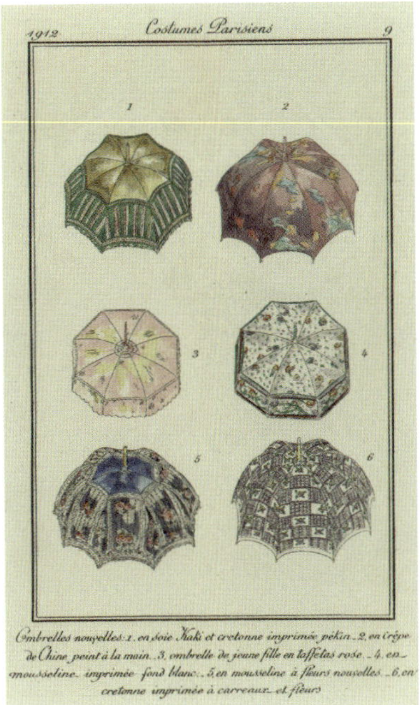

Sechs Regenschirme in verschiedenen Farben und Designs aus Seide, Crêpe de Chine, Musselin oder bedrucktem Cretonne, 1912

aus Fischotter oder Marder und mit einem weißen Saum verziert, der mit Leder bezogene Stock endete in einer Elfenbeinkugel.

1922 erschienen dann am Stockende der Sonnenschirme Hundeköpfe. Als aber kleinere Schirmversionen extra für Hunde auf Hundezuchtausstellungen hergestellt wurden, kam der Parasol buchstäblich auf den Hund.

Und verschwand. In den sportlichen Zwanzigerjahren war gebräunte Haut immer stärker ein Must und *Zeichen für Sportlichkeit* und Lebenslust.

1938 erlebte der schwarze Regenschirm einen Auftritt auf der friedenspolitischen Weltbühne. Der englische Prime Minister Neville Chamberlain landete gentlemanlike mit einem ebensolchen ausgestattet Ende September in München, um mit Hitler zu verhandeln und Frieden für seine Zeit zu schaffen. Der Umbrella war das soignierte *Zeichen des Vertrauens in sich* und ins Empire, der Glaube an Fairness und an den traditionellen englischen Way of Life, welcher unerschütterlich anmutete; ganz selbstverständlich trat in G. K. Chestertons 1937 posthum edierter Detektivgeschichtensammlung »The Paradoxes of Mr Pond« der Innenminister auf, der seinen Regenschirm wie einen Säbel mit sich führt. Ein verspäteter »Umbrella Man« tauchte im Umkreis der Verschwörungshypothesen des Attentats auf John F. Kennedy 1963 in Dallas auf. Auf Filmen und Fotografien zu sehen war da ein Mann, der einen schwarzen Regenschirm öffnete und, als sich die offene Limousine des Präsidenten näherte, zu schwenken begann – für manche das Signal für den oder die Todesschützen. 1978 wurde Konspiratives auf einen Schlag zunichte gemacht, als sich der Schirmmann nach einem öffentlichen Aufruf meldete und vor einem parlamentarischen Untersuchungsausschuss aussagte, er habe mit dem Schirm gegen Kennedys Vater Joseph protestieren wollen, der als US-Botschafter in London Chamberlains Appeasement-Position vertreten hatte.

Als politisches Zeichen hatten eine knappe und ganz anders gesinnte Generation vor Chamberlain ihre Regenschirme verwendet und eingesetzt, als Zeichen und Träger des Wandels. Es waren die Suffragetten, die Frauenrechtlerinnen, die für juridische und politische Gleichberechtigung wie für Emanzipation stritten. Die zumeist der bürgerlichen Klasse Entstammenden nutzten ihre Sonnen- und Regenschirme als Banner und »message boards«. Sie trugen Slogans wie »Come march with us« auf die helle Seide auf, nutzten Schirme als portable Soziale Medien im öffentlichen Raum.

Dass diese Methode des Demonstrierens und des Botschaftstransports keineswegs vergessen

Suffragettenprozession, ca. 1908

ist, zeigten am 28. November 2022, an dem sich das Wahlrecht für Frauen zum 104. Mal jährte, Proteste in Polens Hauptstadt Warschau. Hunderte Frauen demonstrierten mit Schirmen vor dem Haus Jaroslaw Kaczyńskis, des Vorsitzenden der nationalkonservativen PiS-Partei, ob dessen frauenfeindlicher Sprüche (der Alkoholkonsum von Frauen sei, so der kinderlose Junggeselle, verantwortlich für die niedrige Geburtenrate in Polen) und reaktionärer Ansichten.

Proteste am 28. Oktober 2014 in der Harcourt Road, Hongkong, rechts oben das Symbol der »Regenschirmrevolution«

In den Jahren zuvor war eine andere politische Protestbewegung schirmisch getauft worden, die »Umbrella Revolution« in Hongkong, auch »Hongkong Umbrella Movement« genannt.

Der Name stammt mutmaßlich aus einer Twitter-Nachricht, die ein New Yorker absetzte, der ob der Regenschirme, die die Protestierenden trugen, zur Worttaufe schritt. Der Schirm war der expressive Ausdruck für einerseits Schutz (nicht gegen Regen, vielmehr gegen Tränengas und Wasserwerfer), andererseits Ausdruck bürgerlicher Ziviltugenden, die die Megalopole sich erhalten wollte. Den Ausgang nahm das »Umbrella Movement« Anfang 2013 mit dem Aufruf eines Rechtsprofessors, öffentliche Plätze und Knotenpunkte zu okkupieren, analog zur US-Demonstrationsbewegung »Occupy Wall Street«. Rasch entwickelte es sich zur Studentenprotestwelle, der sich Millionen von Bürgern anschlossen, um für größere Autonomie zu demonstrieren. Am Ende stand das politische Gegenteil, der Druck Pekings ist *immer rigider geworden.* Geblieben

Karikatur von Oliver Schopf in: Der Standard, 2011

ist das *zur globalen Ikone* geronnene Bild des Schirms als Träger von Bürger- und grundlegenden Menschenrechten und demokratischen Prinzipien.

Vom Schirmbild zum Schirmwort. In der politischen Arena wurde in den vergangenen fünfzehn Jahren kaum eine Metapher häufiger verwendet als jene des Schutzschirms. Eines von Interessenvertretungen vielerlei Couleur eingeforderten und zum Schutze einzelner Gruppen oder vertretener Gesellschaftssegmente oder gleich aller aufzuspannenden Schutzschirms. Die Entscheidung, ob die Politikerklasse national wie international dabei mehr Psalm 32, 7 *(Du bist mein Schirm; du wirst mich vor Angst behüten, dass ich errettet gar fröhlich rühmen kann)* oder Jesaja 4, 5 *(Und der HERR wird schaffen über alle Wohnungen des Berges Zion, und wo man versammelt ist, Wolke und Rauch des Tages, und Feuerglanz, der da brenne, des Nachts. Denn es wird ein Schirm sein über allem, was herrlich ist.)* zuneigte, dürfte noch unter der nächsten Generation von Sprachwissenschaftlern und Zeithistorikern Dispute auslösen.

2012 führte Deutschland mit dem sogenannten Schutzschirmverfahren eine Unterverfahrensart des Insolvenzrechts ein; Brasilien war in diesem Punkte des Konkurses in Eigenverwaltung schon weiter und der Bundesrepublik diesbezüglich um einige Jahre zuvorgekommen.

KAPITEL 3

Der Regenschirm und die Literatur

Den Hut aufzusetzen, war bei ihm eine außerordentliche Handlung. Einen Regenschirm führte er gewöhnlich mit sich, wohl eingedenk, dass die schönsten Sommertage oft Gewitter und Streifschauer über das Land bringen. Diese harmlose, von vielen (einschließlich des Autors) bis heute abergläubisch gehegte Annahme fand sich schon 1812 bei Johann Wolfgang von Goethe in »Aus meinem Leben. Dichtung und Wahrheit«.

Von einer verhältnismäßig so jungen Erfindung, wie es der Regensch. ist, wird man kaum erwarten, dass sie im Aberglauben eine Rolle spiele, urteilte das »Handwörterbuch des Deutschen Aberglaubens« in seinem Artikel zum Schirm. Es erschien 1935 und 1936 in Berlin. Das recht schnippische Urteil war verfrüht. Und es war ignorant.

Denn tatsächlich hatte sich eine Fülle an Imaginationen anthropologisch-spiritueller Art um den Regenschirm gewoben. Die Herausgeber Hanns Bächtold-Stäubli und Eduard Hoffmann-Krayer hatten zu früh den Wissensschirm zugeklappt. Denn abergläubische Schirmvorstellungen, -annahmen und auch -spintisierereien waren dokumentiert. Wenn auch eher spärlich, zogen sie sich anderseits durch diverse Landstriche und deren Superstitionen hindurch, von den Alpenregionen der Schweiz übers sächsische Erzgebirge bis ins Flachland.

Etwas, was selbst dem diesbezüglich hartgesottenen »Handwörterbuch des Deutschen Aberglaubens« Rätsel aufgab, war ein Brauch aus dem Vogtland: *Höchst merkwürdig ist die aus dem Vogtland belegte Sitte, einem Toten bisweilen einen Regenschirm und Gummischuhe mitzugeben.* Ob der Schirm im Jenseits geöffnet wurde, entzieht sich bis heute dem Wissen selbst von Theologen.

Was allerdings überliefert wurde, ist ein Ratschlag aus der Schweiz, der 1920 in der Fachzeitschrift »Schweizer Volkskunde« rapportiert wurde: *Trocknet man einen Schirm über dem Bett, so gibt's Familienzwist.* Eine erstaunlich analoge, allerdings noch erweiterte Spruchweisheit notierte sich Karl Knortz vor dem Ersten Weltkrieg in den USA. Einen Regenschirm, wurde Knortz da diktiert, *darf man nicht in einem Zimmer öffnen, auch nicht auf ein Bett legen; wer diese Regel übertritt, verheiratet sich entweder nicht oder stirbt bald.* Unglück soll ein geöffneter Regenschirm im Haus oder auf einem Tisch abgelegt auch nach abergläubischen Vorstellungen in Großbritannien bringen. Außerdem, hieß es, kursiere *unter englischen Schauspielern* der Aberglaube, dass ein Regenschirm auf der Bühne jedem Stück Misserfolg beschere. Was nun aber nichts ist verglichen mit den dramatischen Folgen des Schirmöffnens im Zimmer, die aus Frankreich und Russland bekannt sind. Das Stehen im Zimmer unter einem Schirm soll in beiden Ländern schweres Unglück bescheren, ja sogar das Ableben beschleunigen; gleiche Annahmen kursierten volkskulturell auch im US-Bundesstaat *Nebraska.*

Umgekehrt diente der Schirm auch zu Positivem wie beispielsweise einer mehr als nur symbolischen Beziehungsanbahnung. Erbot sich in früheren Jahrhunderten ein junger Mann auf einem Volksfest in der französischen Bretagne, den Schirm einer jungen unverheirateten Frau zu tragen und nahm diese den offerierten Liebesdienst an, galt dieser protektive Service den ganzen Tag lang; und es konnte daran hinsichtlich weiterer amouröser Verbindung angeknüpft werden. (Jane Austen ließ 1818 in ihrem Roman »Persuasion / Anne Elliot« den gutaussehenden Captain Wentworth bei der Romanheldin Anne Elliot nachsuchen, sie durch den Regen unter einem Schirm nach Hause geleiten zu dürfen.) Hatten die Eltern der Adorierten erlaubt, dass der junge Herr diese nach Hause geleiten dürfe und er beschirmte sie währenddessen, war dies das nicht zu übersehende Signalsignum der Verlobung. In nicht wenigen ländlichen Regionen in Deutschland war es einst Sitte, dass der

Hochzeitslader, der die Invitationen für die Eheschließung austrug und verteilte, dabei einen Regenschirm mit rotem Stoff mit sich trug. In Ungarn wurde bei einer Hochzeit ein Schirmtanz getanzt. Dabei hielt sich die Braut am Bräutigam fest, der Bräutigam hielt über beide einen Schirm. Im belgischen Brüssel hingegen gab es mit »La parapluiterie« auch einen Tanz. Es war ein Auswahl- und Erwählungstanz. Eine junge Frau reichte unter ihren Kavalieren demjenigen, mit dem sie *nicht tanzen wollte*, ihren Schirm, und dieser Schirmbepechte hatte daraufhin die ihn Verschmähende und ihren ausgesuchten Tanzpartner zu beschirmen.

Ob der solcherart Insultierte danach einen Drink brauchte? Einen Toast brachte er nur bei großer stoischer Selbstüberwindung aus, vermutlich ohne den englischen Einleitungsgruß *An Umbrella to* –. Danach wurde das geleerte Glas umgedreht auf den Tisch gestellt, woher sich wohl in einem linguistisch-visuellen Sprung von der Glasbläser- zur Schirmmacherkunst der Name erklärt, nach dem Glas, das wie ein Schirm aussieht.

Kein Toast mit Alkohol, Kaffee vielmehr wird mit Honoré de Balzac (1799–1850) assoziiert. Mit dem aufputschenden Koffeingetränk und täglich einigen Dutzend Tassen davon wollte der Franzose sein literarisches Werk schaffen.

Keiner seiner Zeitgenossen erschuf seine Protagonisten so aus dem Realstofflichen wie er. Das hatte in seiner verbalen Opulenz nicht zuletzt mit dem Umstand zu tun, dass Balzac nach Zeile bezahlt wurde (und in einem seiner Bücher des gigantischen, nicht abgeschlossenen Zyklus »La Comédie humaine« daher auch einen Stotterer einführte, der für seine Sätze mehr Platz reklamierte, also indirekt ihn besser honorierte).

In seinem Roman »Père Goriot« (»Vater Goriot«, 1834–1835) beschreibt er eine Figur, Mme Michonneau, so: *Die alte Madame Michonneau schützte ihre ermatteten Augen mit einem schmierigen grünen Taftschirm, der mit Messingdraht versteift war und der selbst den Engel des Mitleids hätte zurückschrecken lassen. Ihr Schal mit den dünngewordenen Fransen schien ein Skelett zu bedecken, so knochig*

links: Honoré de Balzac, porträtiert von J. Allen St. John (1875–1957), 1899; rechts: Vater Goriot, Karikatur von Honoré Daumier (1808–1879), 1842

und eckig waren die Formen, die er umhüllte. Welche Säure hatte dieses Geschöpf der weiblichen Rundungen beraubt? Denn sie musste doch einstmals hübsch und wohlgestaltet gewesen sein. Laster? Kummer? Begehrlichkeit? Hatte sie zuviel geliebt? War sie Putzmacherin gewesen oder Kurtisane? Büßte sie jetzt die Triumphe einer herausfordernd kecken Jugend, der alle Lüste entgegengestrebt hatten, durch ein Alter, vor dem jeder ihr Begegnende zurückwich? Ihr blasser Blick machte frösteln; ihre kümmerliche Gestalt wirkte wie eine Drohung. Sie besaß die schrille Stimme einer Grille, die im Gesträuch dem Winter entgegenzirpt.

Das eigentlich schützende Accessoire wird zum Spiegel des Schicksals, das dieser Frau widerfahren ist. Der Abstieg, materieller wie physischer und physiognomischer Ostrazismus, ist ausgehend vom Taftschirm, dessen Betagt- und Benutztheit geschildert und mit allen Händen des Elends und der Not zu greifen ist.

Mit Materie und Materiellem hat auch der Stil zu tun, meint der englische Literaturprofessor und Charles-Dickens-Exper-

links: Charles Dickens, porträtiert von Ary Scheffer (1795–1858), 1855; rechts: Mrs. Gamp von Harry Furniss (1854–1925), 1910

te John Bowen. Denn Stil heißt Schreiben.

Wie nun Dickens' Stil beurteilen? Bowen nimmt einen Umweg – und räsoniert über Regenschirme. Über die Regenschirme im gewaltigen Œuvre des Londoner Erzählers. Schirme *pop up in many places, in many different ways and for many different purposes* (erscheinen an vielen Orten, auf viele verschiedene Weisen und zu vielen verschiedenen Zwecken). Denn – und dies ist einer der zentralen Sätze nicht nur über den Regen- (oder Sonnen-)schirm in der Literatur, sondern gültig für seine gesamte Existenz in der Welthistorie –: Das *Meiste des Spitzauslaufenden* des Schirmes ist verborgen und mutet unwichtig an, ist aber aufgeladen mit psychologischer und sprachlicher Bedeutung.

In Dickens' Roman »The Life and Adventures of Martin Chuzzlewit« (1844; »Leben und Abenteuer des Martin Chuzzlewit«) heißt es über Mrs Gamp als buchstäblich ins Auge stechendes Charakteristikum, sie verbreite mit ihrem unkontrolliert herumflottierenden Schirm mit der Spitze aus Messing *Angst und Schrecken* unter den anderen Bahnreisenden. Sie wurde als Schirmträgerin so überliterarisch bekannt, dass »gamp« dann sowohl Krankenpflegerin wie auch Schirm bezeichnete, die beide ins bürgerliche Heim des 19. Jahrhunderts eingelassen wurden zum Schutz; wobei sie, wie von Dickens evoziert in Gestalt von Mrs Gamp, oft genug *das Gegenteil bewirkten.* Gamps »gamp« wurde von Dickens mit den Worten beschrieben, er habe die Farbe eines vertrockneten Blatts und oben, an der Spitze, als Zufallsklecks, einen himmelblauen runden Fleck – oder anders gesagt: eine Landschaft aus Schirmseide.

Dies ist nur eine von *mehr als 120 Stellen*, an denen der Regenschirm in Dickens' erzählender Prosa, in seinen Briefen oder journalistischen Artikeln sich aufklappend oder bedrohlich, weil aufspießend anmutend auftaucht. Nicht selten finden sich bei ihm Regenschirme in Passagen besonderen Glücks, leichter Absurdität oder spezieller Kraft, die zugleich erzählerische Wendepunkte sind. Tatsächlich gibt es unter seinen vielen umfangreichen Romanen nur einen, in dem kein Schirm auftaucht, »A Tale of Two Cities« (1859; »Eine Geschichte zweier Städte«).

Schirme dienen bei Dickens ansonsten regelmäßig dazu, sich zu verändern, zu mutieren zu *Theateraufführungen der Präsenz und der Absenz.* Letzteres vor allem dann, wenn sie verlegt werden oder verloren gehen. Sie erzeugen komische Effekte. Auch weil sie verglichen werden oder Assoziationen mit Vögeln und Kohlköpfen oder Blättern auslösen. Sie tauchen in Gerichtsgebäuden auf, im Unterhaus, in Gefängnissen und in Palästen, im Omnibus und im Schlafzimmer. Manchmal ist ein Schirm auch ein Ersatz für Lebendiges. Silas Wegg in »Our Mutual Friend« (1864–65; »Unser gemeinsamer Freund«) hat ein Holzbein und stützt sich auf einen Regenschirm, der so formlos ist wie ein zusammengedrückter *Kopfsalat.* Figuren, die Dickens mit ein- wie nachdringlichen Charakterzügen ausstattet – und daher auch mit bizarren Namen wie Elijah Pogram, Wackford Squeers oder Daniel Quilp –, treten allesamt mit dem unverzichtbaren Signum des Schirms auf. Und geben den mit ihnen versehenen Protagonisten ihre eigene Ambivalenz weiter. Denn ein Schirm kann nicht nur verloren gehen und vergessen werden – und fällt erst dann in seiner Nichtselbstverständlichkeit auf. Ein Schirm kann Dinge in sich aufbewahren. Die Innenseite von der Außenseite eines Schirms zu unterscheiden: ein müßiger, weil sinnbefreiter Glasperlenzeitvertreib. Sein Innen ist sein Außen, sein Außen sein Innen. Er kann verhüllen und sich solitär verbergen, und mit ihm kann man die Umgebung attackieren. Er ist stumm, und zugleich lässt sich mit ihm etwas mitteilen, da mit der Spitze in Sand oder andre Untergründe etwas eingeschrieben werden kann.

Das Geschehen um Mr Augustus Minns, *exceedingly clean, precise, and tidy; perhaps somewhat priggish* (äußerst sauber, präzise und ordentlich, vielleicht etwas pedantisch), in Dickens' allerersten, im Dezember 1833 gedruckten Prosastück »A Dinner at Poplar Walk«, welcher gewöhnlich einen braunen Rock trug, eine ansprechende Krawatte, makellos gewienerte Stiefel und stets

George Cruikshank (1792–1878): Mr Minns und sein Cousin, 1836

einen mit brauner Seide bespannten Schirm mit einem Griff aus Elfenbein, wird erst durch den Verlust des Schirms ausgelöst. Minns verliert die Contenance, immer weitreichender, immer aggressiver, während der Schirm sich erzählerisch entfaltet und dabei numinos verschlossen bleibt.

Zusammenfassend ist zu sagen: Im Werk von Dickens dienen Schirme als Instrumente des Hin- und Verweises wie als Gerätschaft für einen Angriff. Als Schutzvehikel werden mit ihm kriminelle Bedrohungen abgewehrt wie jene, die sich durch soziale Klassenunterschiede ergeben; dann Ängste, die Sexualität und Geschlechtsunterschiede betreffend; und zuletzt werden mit ihm Fragenkomplexe der Identität, der Frage des Eigentums und des Rechts im Allgemeinen gestreift. Ein Dickens-Interpret vermeinte aus der jeweiligen Schäbigkeit des beschriebenen Umbrella den jeweiligen *niederen sozialen Status* detektieren zu können. Was heutige Leser hie und da als überflüssiger Schnörkel bei Beschreibungen anmutet, erkannte George Orwell als unverwechselbare Eigenschaft von Dickens' Manier, *das überflüssige Detail.* Orwell zufolge sind diese Einzelheiten das, woran bei der Lektüre festzuhalten ist, so wie am Griff eines Schirms. Dabei wird der Regenschirm beim viktorianischen Erfolgsautor zum komischen Element, wenn er in gänzlich fremdem Kontext, auf unerwartetem Terrain auftaucht und so einen machtvollen Witz entfaltet, Macht entmachtet durch Parodie, durch Scherz, durch Ironie. Lange vor Freud diente bei Dickens der Regenschirm auch als phallisches Instrument, ob nun in »Nicholas Nickleby«, darin sich Henrietta Petowker im Theater bewundert (und halb belästigt, halb erregt) fühlt von einem *most persevering umbrella in the upper boxes* (sehr standhaften Regenschirm in den oberen Logen), oder in »David Copperfield« (1849/50), wo die von David angehimmelte Miss Mowcher ein so großer Schirm auferlegt ist, der derart überdimensioniert ist, *[that it] would have been an inconvenient one for the Irish Giant* (dass es für den Irischen Riesen unbequem gewesen wäre); und in »Bleak House« (1852) wird die *affectionate lunacy* (liebevolle Verrücktheit) von Mrs Bagnet überdeutlich, wenn sie Trooper George *a great poke between the shoulders with her umbrella* gibt, einen heftigen Stoß mit dem Schirm zwischen die Schultern. Schirme sind Objekte des Aufstiegs, gesellschaftlich wie ökonomisch, bei Dickens. Sie dienen aber auch dazu, vorzuführen, dass mancher Schirm nach oben weist, ohne dass selbiges auch dem Menschen widerfährt, der ihn hält.

Der wichtigste Regenschirm in seinem Gesamtwerk war allerdings sein eigener. 1858 schrieb Dickens den Artikel »Please to Leave Your Umbrella«. Gedruckt wurde er am 1. Mai 1858 im Magazin »Household Words«. Darin schildert er, wie er im Schloss

Hampton Court in Richmond im Südwesten Londons regenschirmlos ist. Er hat ihn beim Eintreten auf Aufforderung bei einem Polizisten deponieren müssen. Fast allein, außer ihm ist nur noch ein weiterer Besucher in diesem Palast aus der Tudorzeit, schreitet er durch die Räume und Säle und an vielen Gemälden vorbei, er nimmt wahr, wie dunkel sich an diesem verregneten Tag der Himmel verfärbt. Geht zurück; und ist erleichtert, den Polizisten zeitunglesend vorzufinden, seinen, Dickens', Schirm sicher neben sich. *Of all the Powers that get your umbrella from you, Taste is the most encroaching and insatiate*, schreibt Dickens. Von allen Mächten, die man auf seinen Schirm übertrage, sei der Geschmack jener, der wahrhaftig überwältige. Was Schirm haben und über keinen Schirm verfügen in und bei Dickens auslöst, als rotierendes Ideenkaleidoskop, ist eine Reflexion über den Verlust der Welt und den Verlust des Gedächtnisses, über Wissen und die Fähig- wie Möglichkeit, ästhetische Urteile zu treffen ... indem man *seinen Schirm abgibt*.

Und dann löst er ihn wieder aus, mittels des ihm ausgehändigten Depositscheins, etwas Beschriftetem somit. Was aber auch ohne diesen Nachweis möglich gewesen wäre, denn sein Schirm war der einzige, *und dann gingen ich und mein kleiner Verstand los und träumten weiter, gut beschützt, im hartfallenden Frühlingsregen, der an diesem Tag so klang wie das Rascheln des sich nähernden Sommers.*

In Heinrich Hoffmanns drohend-bedrohlichem Bilderbuch »Der Struwwelpeter« (1844) handelt die zehnte Geschichte vom fliegenden Robert, den es bei Sturm nach draußen zieht, der seinen Schirm aufspannt und durch die Lüfte fliegt, ganz hoch, ganz: *Niemand hört ihn, wenn er schreit. / An die Wolken stößt er schon, / und der Hut fliegt auch davon.* Er fliegt und fliegt immer weiter. *Wo der Wind sie hingetragen, / ja, das weiß kein Mensch zu sagen.* 125 Jahre später griff Hans Magnus Enzensberger die Flugfigur wie die fliegende Figur auf, in einem Gedicht, das nach den politisch bewegten Jahren 1968 ff. mit der Provokation *Eskapismus – was denn sonst?* einsetzt, um entzückend ironisch zu enden, mit dem Verschwinden

Heinrich Hoffmann (1809–1894): Der Struwwelpeter. Die Geschichte vom fliegenden Robert, Illustrationen von 1858

des lyrischen Ichs (namens Robert, namens Hans Magnus) und dem Aufgehen in einer buchstäblich windigen, also beschwingten Legende, die *ihr Neidhammel* den Kindern als Warnung weitergebt.

1859 publizierte Wilhelm Busch seine Miniatur »Der vergeßliche Stadtschreiber« über Dröge, den communalen Secretarius, der nach dem Besuch eines Wirtshauses, weil es regnet, seinen Regenschirm aufspannt und nach Hause eilt. Bald setzt Verunsicherung ein, etwas scheint er vergessen zu haben. Nur was? Nur wo? Er kehrt um, in Sichtweite der Restauration hört es zu regnen auf, er klappt den Schirm zu. *Nicht lange, so verspürt er einen gewissen Gegenstand unter seinem Arme, der es ihm auf einmal klarmacht, dass er eigentlich nichts vergessen als dies: dass es bei seiner Einkehr ins Wirtshaus nicht geregnet und er also zu der Zeit schon denselben Gegenstand unter dem Arme getragen hatte, den er jetzt darunter trug, nämlich – den zugeklappten Regenschirm.* Es ist eine winzige Studie über verschobene Wirklichkeit und verzerrte Kognition, über Ausblenden und physisches Erfahren. Gerade einmal fünf Jahre zuvor waren im Deutschen Bund Verordnungen eingeführt worden, die zwar die Vorzensur (kein Zufall, dass Dröge – nomen ist omen – Schreiber ist) aufhoben, aber die Presse weiterhin kujonierten durch Konzessionszwang, Stempelsteuer, Vertriebsrestriktionen.

Wilhelm Busch (1832–1908): Der vergessliche Stadtschreiber, 1859

Knapp vierzig Jahre nach Hoffmanns schwarzer Pädagogik ist in Guy de Maupassants Novelle »Le parapluie / Der Regenschirm« mit einem Regenschirm anderes verbunden, Sparsamkeit bis zum knittrigen Geiz. Madame und Monsieur Oreille leben in Paris, er arbeitet im Kriegsministerium, um seine Rente aufzubessern. Ob seines alten Schirms ist er Objekt des Spottes. Nach längerem Hin und Her wird ein neuer Parapluie erworben. Mit dem Oreille dann sogleich aus dem Ministerium mit einem Loch darin zurückkehrt. Das Loch stopft Madame mit einem Stoffstück des ausrangierten Schirms. Wenig später findet sie dann Brandlöcher. Ein Freund rät ihr, den zu reparierenden Schaden von ihrer Versicherung abdecken zu lassen. Der Sachbearbeiter wimmelt sie wegen Geringfügigkeit ab, erklärt sich dann aber bereit zu zahlen. Triumphierend lässt Mme Oreille den Schirm mit dem besten Stoff, den sie finden kann, neu beziehen – Sieg auf ganzer Linie!

Sinnbild extrem übersteigerten Geizes ist dieser Text. Zugleich seiner Zeit voraus, denn die viel willensstärkere Figur ist die Frau, nicht der Mann. Monsieur folgt seiner Gattin nahezu willenlos, ist Objekt der Häme, ist niemals Subjekt. Geschweige verfällt er auf den Gedanken zu philosophieren.

Das unternahm zehn Jahre später der schottische Autor Robert Louis Stevenson in seinem Aufsatz »The Philosophy of Umbrellas«.

Was zeige am besten den sozialen Rang? Die Antwort ist einfach: kein Lehrstuhl, kein Orden – es ist das Tragen eines Regenschirms. Bereits Defoes Robinson Crusoe (1719) habe seine Würde hochgehalten, indem er sich einen Blätterschirm konstruierte und so das *Beispiel eines zivilisierten Geistes* gab. *Einen Schirm zu besitzen, legt, außer dass dies die Entwicklung vom wilden Esau zum einfachen Jakob, der in Zelten lebt, symbolisiert, eine angenehme Bestimmung des Glücks. Nicht jeder kann ein 26 Schillinge teures Besitzstück so vielen Gelegenheiten aussetzen, es zu verlieren oder bestohlen zu werden.* Der Schirm – ein Friedenszeichen. Niemand mit einem Funken Vernunft ziehe einen teuren Schirm über den Kopf eines Grobians.

Stevenson fährt ironisch fort, von der Symbiose von Schirm und Träger zu schwärmen, vom sympathetischen Beziehungsgeflecht und davor zu warnen, sich ein schlecht gepflegtes Exemplar zu wählen, zu viel sage dies über den Charakter des Besitzers aus. Am Ende erhebt Stevenson den Essay zur Persiflage auf Wissenschaft und Wissenschaftlichkeit. Darauf verweist er selbst im Nachsatz, denn James Walter Ferriers Funktion als Co-Autor habe sich darin erschöpft, sich *in einem Liegestuhl* zurückzulehnen und über die Thesen zu lachen.

Respektabilität. Bei Gilbert Keith Chesterton ist der Schirm, mit dem er seinen Amateurdetektiv Father Brown ausstattet, auch ein Objekt gesellschaftlicher Distinktion. Er ist schon von Weitem der Botschafter des Ranges seines Trägers, der zwei Ständen entstammt. Entweder ist er Arzt. Oder er ist Kleriker. 1872 war in England der »Clerical Umbrella« auf den Markt gekommen: ein gerader Griff aus Ebenholz und bespannt mit wasserabweisender Alpakawolle. Als Vorbild wird John Bird Sumner (1780–1862), anglikanischer Erzbischof von Canterbury, der als Mitglied des House of Lords, des Oberhauses, bekannt dafür war, zur Eröffnung der Sitzungssaison zu Fuß durch London zu gehen, einen baumwollenen Regenschirm in der Hand, was in dieser ostentativen Schlichtheit ein symbolischer Akt war, *den lebensnahen theologischen Ansichten* Ausdruck gab und seinen volksnahen Charakter bezeugte. Noch in der jüngsten BBC-Verfilmung, die in den 1950er-Jahren spielt, sowie auf dem Umschlag einer der letzten Gesamtausgaben der Kriminalerzählungen erscheint Father Brown mit Schirm.

Ein wenig verblüffend ist es, dass der Regenschirm im umfangreichen Œuvre Sigmund Freuds, des Spurensuchers in der menschlichen Psyche, nur punktuell auftaucht. In »Der Witz und seine Beziehung zum Unbewussten« von 1905 wird der Parapluie zweimal erwähnt. Eingebettet in der Sektion der zynischen Witze, als der Analytiker auf das *Institut der Ehe* zu sprechen kommt. Er führt ein Zitat an (*Eine Frau ist wie ein Regenschirm; – man nimmt sich dann doch einen Komfortabel.*), das er so ausdeutet, dass die Ehe Befriedigung eines etwas stärkeren Bedürfnisses gestatte, *gerade so wie man einen Regenschirm mitnimmt, um sich gegen den Regen zu schützen, und dann im Regen doch*

Father Brown, Illustration von Frank G. Jefferies (1877–1941), 1924

nass wird. Eine Paraphrase von Regen und Traufe, die nur als Redewendung anzutreffen ist.

Im Gedicht »Fernflug« von Joachim Ringelnatz ging es 1929, ferner Gruß an Hoffmann, in die Höhe. Via Flugzeug. Auf dem Flugplatz gibt es diese *gezähmten Riesenvögel* zu sehen, die – eine von vielen originellen Formulierungen des Vortragsreisenden in Sachen eigener Lyrik – in Kurven landen, *sanft gelenkt*, dann *ein wenig, zwei, drei Schritte* torkeln, so *dass man an Regenschirm und Raben denkt.*

Zwanzig Jahre später, 1950, ließ der Oxford-Professor für englische Literatur C(live) S(taples) Lewis (1898–1963) im Auftaktband der »Chroniken von Narnia«, in »The Lion, the Witch and the Wardrobe / Der König von Narnia«, seinen berühmtesten Schirmträger auftreten, Mr Tumnus, der heute im Vereinigten Königreich zum Allgemeinbildungsgut gehört. Es handelt sich um eine Art ausgesprochen höflichen Zwitter, den Lucy trifft, nachdem sie durch einen Kleiderschrank in eine andere Welt geschritten ist. Sie geht über Schnee durch einen Wald auf ein Licht zu, das von einer Straßenlaterne ausgeht, und hört trippelnde Schritte auf sie zukommen. Dann tritt das Wesen, das die Gehgeräusche erzeugt, in den Lichtkreis. Von der Hüfte aufwärts ein Mensch, hat die Erscheinung Ziegenbeine, ein schwarzes Fell, einen Schwanz und um den Hals einen roten Wollschal. Und hält in einer Hand einen Schirm über sich, in der anderen – Weihnachtsgeschenke!?? Er stellt sich höflich wie wohlerzogen als »Mr Tumnus« vor und spricht die Einladung aus, sich bei ihm einzuhaken, dann könne er sie und sich beschirmen. ›*Hier entlang. Gehen wir.*‹ *Und so wanderte Lucy mit diesem seltsamen Wesen Arm in Arm durch den Wald, als ob sie sich schon ihr Leben lang kannten.*

Drei Unbekannte hingegen begegnen sich in Roald Dahls Geschichte »The Umbrella Man«, mitten in London. Die Story findet sich im Band »More Tales of the Unexpected« (1980). Eine Zwölfjährige fährt mit ihrer Mutter zum Zahnarzt nach London. Ihr wird eine Zahnfüllung eingesetzt. Danach trinken sie eine Kleinigkeit in einem Café. Es fängt an zu regnen, sie haben keinen Regenschirm dabei. Da spricht sie ein älterer Mann an, eine gerade noch distinguierte Erscheinung am Umkipppunkt ins Abgeschabte. Er habe einen Schirm. Den würde er ihnen verkaufen. Die Summe von 20 Pfund brauche er, um ein Taxi zu bezahlen, für den langen Heimweg seien seine Beine zu schwach und seine Knie zu mürbe. Die Mutter willigt ein, der Tochter erscheint die Absprache als Übervorteilung des Herrn. Schirm und Geld wechseln die Eigentümer. Der Mann geht hurtigen Schritts von dannen – was dem Mädchen merkwürdig vorkommt. Sagte er nicht, er habe Schwierigkeiten beim Gehen?!

Sie folgen ihm durch Straßen und Gassen hindurch, bis zu einem Pub. Durch ein Fenster sehen sie ihn am Tresen stehen, vor ihm ein dreifacher Whiskey. Ein wirklich teurer Drink, denkt das Mädchen, er kostet den Mann ja 20 Pfund und einen mit Seide bespannten Regenschirm. Dann sehen sie, wie er zur Garderobe geht, in den Mantel schlüpft – und aus dem Schirmständer einen tropfenden Fremdschirm zieht. Auf der Hauptstraße, wo er sie angesprochen hatte, tauscht er dann den Umbrella gegen 20 Pfund. Und begibt sich schnurstracks zu einem anderen public house.

Die ganze Nacht könne er das durchziehen, meint das Mädchen am Schluss. Sicher, pflichtet die Mutter ihr bei, aber wetten, dass er wie verrückt um eines bete, um Regen. Eine geistreiche Variante des gewitzten Schirmganoventums ist dies (und eine Umkehrung sensitiver Beschämung in E. M. Forsters Roman »Howards End« (1910), bei einem Konzert den falschen Regenschirm erwischt zu haben: *Brahms, for all his grumbling and grizzling, had never guessed what it felt like to be suspected of stealing an umbrella* – Brahms, bei all seinem Murren und Nörgeln, hätte nie erraten, wie es sich anfühlt, eines Regenschirmdiebstahls verdächtigt zu sein.); wie auch eine Etüde über Vergänglichkeit und Lüste.

Bei Ludovic Bruckstein (1920–1988), rumänischer Jude, Sohn eines Spazierstockfabrikanten, aufgewachsen in einer Kleinstadt im Maramures und einer der ganz wenigen KZ-Überlebenden seiner Familie, nach 1945 von den Kommunisten Rumäniens kujoniert, dann nach Israel ausgewandert, tritt auch ein Regenschirm auf den Plan. Als urbanes, nobilitiertes Zeichen.

In der 2020 aus dem Rumänischen ins Englische übersetzten Erzählung »With an Unopened Umbrella in the Pouring Rain« (Erstpublikation in hebräischer Übertragung im Band »Mitriya Sgura BeGeshem Oferet«, Tel Aviv 2006) erzählt Bruckstein mit scheinbar simpler Plastizität vom Dorf Iapa in Maramures. Dort leben 120 jüdische Familien. Auch die des Hufschmieds Schmiel, genannt »Schmiel der Schmied«, weil niemand mehr sich seines eigentlichen Nachnamens entsinnen kann. Seine Familie ist groß, die Zahl seiner Kinder so unüberschaubar *wie Gras, wie Blumen.* Es ist ein idyllisch abgezirkeltes Leben, fast wie ein Marc-Chagall-Gemälde, arm, von morgens bis spätabends mit harter Arbeit erfüllt, fromm. Dann folgt die dritte Tochter Hana einer ihrer Schwestern in die große Stadt. Hana, Schmiels Liebling, drängt die Eltern, nachzukommen, auch weil deren Lebensverhältnisse sich zusehends verschlechtern. Er folgt, für drei Monate, bestaunt die Stadt mit Avenuen, Trambahnen, Aufzügen in Häusern. Und kehrt zurück. Mit einem Regenschirm unterm Arm, den er auf keinen Fall öffnen will, zu wertvoll ist dieser, zu sehr Signum der weiten Welt.

Wie so häufig macht Bruckstein im Finale einen jähen Sprung. 1944. Alle Juden von Iapa werden in die Synagoge getrieben, verbringen dort eine Nacht. Dann werden sie in Eisenbahnabteile verfrachtet, diese plombiert, der Zug fährt los. Das Ziel: Auschwitz. Unter ihnen ist Schmiel, über Nacht weiß geworden. Der seinen geschlossenen Regenschirm als einzigen Besitz dabeihat. Als schützenden Ausweis der Zivilisation, *seiner* Zivilisation.

Jüngst führte Salman Rushdie in seinem Roman »Victory City« (2023) Schirme in seiner auf einen mythisch-magischen Gründungsakt zurückgehenden Stadt Bisnaga in der Nähe Goas an Indiens Südwestküste vor. Da paradiert der Schirm, seine Historie resümierend, als Modeaccessoire, als Statussymbol, als Symbol patriotischen Respekts für Recht und Ordnung und Gesetze vorbei, scheint in vielen luxuriösen Varianten auf und repräsentiert multikulturelle wie polyreligiöse Diversität, *die kosmopolitische Offenheit der Stadt.* Hat Rushdie in der umfangreichen, für sein belletristisches Werk examinierten Forschungsliteratur gefunden, dass einige Hundert Kilometer nördlich von Goa im Königreich von Pune die Bezeichnung »Ch'hatra-pati«, vielleicht eine linguistisch korrumpierte Version des persischen »sattrapas«, eine Ehrenbezeichnung war? Eine, die den Herrschern von Pune und Sattara zuteilwurde? Die Übersetzung lautet *Herren des Schirms*, ein Titel, der höheres Prestige als Raja, König, oder Maharadscha, großer Herrscher, besessen haben soll. Die indische Göttin Varuna aus der frühvedischen Zeit wurde gern beschirmt abgebildet, der Schirm hieß »abhoga« und seine Bespannung soll aus der *Haut einer Kobra* gemacht worden und wasserundurchdringlich gewesen sein. Varuna repräsentiert den Himmel, sie ist eine Fruchtbarkeits- und *Regengöttin*. Bei letzterwähntem Aufgabenpensum ist selbstredend ein Schirm zwangsläufig vonnöten. Sie soll in den Besitz des Schirms gekommen sein, nachdem Gott Vishnu seine fünfte Inkarnation erlebt habe und als Pygmäe in die Hölle abgestiegen sei.

Der Regenschirm wurde auch für Mord verwendet, für literarischen wie für realen.

Es hatte am 26. August 1978 in Paris etwas abgekühlt. Schaute Wladimir Kostow, bevor er aufbrach, in die Zeitung, er, der passionierte Journalist? 1932 in Sofia, Bulgariens Hauptstadt, geboren, arbeitete er seit 1956 für Zeitungen und fürs staatliche Radio. Und dann, als Auslandskorrespondent in Westeuropa, auch für den bulgarischen Geheimdienst. Bis er Mitte der 1970er-Jahre überlief. Und begann, für die über den Eisernen Vorhang in den jeweiligen Landessprachen gen Osten sendenden Funkhäuser Radio Free Europe und Radio Liberty tätig zu werden. Er hatte sich in Paris-Nanterre niedergelassen.

Kurz nach 14 Uhr wollten seine Frau Nathalie und er an der Station Nanterre-Préfecture die Schnellbahn nehmen, um im Jardin des Tuileries zu promenieren. Merkwürdig, ein Tourist hier an der touristenstromfernen Station, dachte Kostow, hat er sich mit jemandem verabredet, der nicht auftaucht? Oder hat er sich verlaufen? Dann war der großgewachsene sportliche Mann nicht mehr zu sehen.

Das Paar fuhr bis zur Métrostation Champs-Élysées. Und dann spürte Kostow, auf der Rolltreppe stehend, einen harten Schlag am Rücken, in der Nierengegend. Und ein Geräusch, als pralle ein Stein mit einem Stein zusammen. Kostow dachte sofort: ein Junge, der ihn mit einer Zwille angeschossen hat, von oben übers Geländer. Doch als er sich auf der Rolltreppe umdrehte, war da niemand. Hinter ihm stand der Mann, den er in Nanterre gesehen hatte. Oben angekommen, ging dieser sogleich in Richtung Avenue de Friedland. Die Kostows steuerten den Jardin an. Eine halbe Stunde später spürte Kostow immer noch einen Schmerz im Rücken. Als er sein Hemd hochzog, bemerkte seine Frau einen kleinen rötlichen Punkt, als habe ihn eine Wespe gestochen.

Drei Wochen später, am 11. September, wurde Kostow angerufen. Am Ende der Leitung war München, war Kiril Panow, der in der bulgarischen Redaktion von Radio Free Europe arbeitete. Panow berichtete seinem Kollegen, ein gemeinsamer Freund, Georgi Markow in London, sei seit mehreren Tagen in einem Hospital, ihm gehe es schlecht, es kursiere das Gerücht, er sei Opfer eines Attentats geworden.

Einen Tag später wählte Kostow die Londoner Nummer Markows. Es ging jemand anderer an den Apparat, ein Redakteur der Bulgarien-Redaktion der BBC. Er sagte, Markow sei am Abend zuvor gestorben, Ursache sei eine Blutvergiftung gewesen. Georgi hätte ein paar Tage zuvor noch gesagt, ein Trottel sei in ihn hineingelaufen, als er auf dem Weg zu seinem Auto gewesen sei, und habe ihm mit dem Regenschirm am Oberschenkel getroffen, der Idiot habe seinen Schirm verwirrt fallen gelassen, den Umbrella aufgehoben, eine Entschuldigung gemurmelt und sei in ein Taxi gesprungen.

In seinen letzten Stunden habe Markow auf dem Sterbebett gesagt, ein Agent des DS habe ihn vergiftet. DS, der bulgarische Geheimdienst.

Am 13. September las Kostow die Zeitungsmeldungen über Markow und erfuhr so die näheren Umstände. Das war doch wie das, was ihm in der Métro widerfahren war, dieser heftige Schlag in den Rücken! Am nächsten Tag schon hatte Kostow einen Termin beim Radiologen. Der einen Zentimeter unter seiner Haut ein Projektil verifizieren konnte. *Durchmesser: maximal zwei Milli-*

meter, so das Fazit des Mediziners. Nachdem es operativ entfernt worden war, erwies sich, es enthielt Rizin, ein tödliches Nervengift. Bei Kostow war es intakt geblieben, bei Markow war es wie geplant zersplittert, hatte seine Wirkung entfaltet und zu einem Multiorganversagen geführt. Es war das erste Mal, dass Rizin als Waffe eingesetzt wurde.

Wie aber war es in die Körper gelangt? Dem dann sprichwörtlich werdenden bulgarischen Regenschirm widmete Kostow ein erfolgreich sich verkaufendes Buch. Ein Regenschirm, der in London selbstredend niemandem auffiel, war zu einer Luftdruckwaffe umgebaut worden. Ein Auslöser betätigte das Abfeuern eines Projektils, das ein Gift enthielt, das innerhalb von 36 bis 48 Stunden wirkte.

Rasch ging das Markow-Attentat in die Popkultur ein. John D. MacDonald, der Kriminalromancier aus Sarasota, Florida, benutzte dieses Motiv 1979 in seinem Travis-McGee-Roman »The Green Ripper«. In der englischen Spionage-TV-Serie »The Sandbaggers« (1978–1980) tauchte »the Bulgarian Umbrella« auf, wie auch 1981 in der Satire-Serie »Yes Minister«, als der Premierminister über alle möglichen und unmöglichen Attentatsvarianten gebrieft wird. 1980 kam Gérard Ourys vergnügliche Verwechslungskomödie »Le Coup du parapluie / Der Regenschirmmörder« mit Pierre Richard in der Hauptrolle in die Kinos. Auf der anderen Seite des Atlantiks verwendeten Drehbuchautoren den Regenschirm als Tötungsinstrument in »Breaking Bad« (2009, Staffel 2, Episode 1), 2010 in »Navy CIS« (2010, Folge »Obsession«), in »The Americans« (2013, Folge »The Clock«) sowie, als wohl bisher letzter, 2022, der Regisseur Steven Soderbergh in seinem Thriller »Kimi«.

Was hat eine erstochene Frau, mehr als zwei Jahrzehnte zuvor Assistentin eines seinerzeit namhaften, inzwischen pensionierten Bühnenmagiers und Illusionisten, mit dem Raub eines Grimoires, eines alten wertvollen Handbuchs über schwarze Magie, zu tun? Und was beides mit verheerenden, vorab angekündigten Brandanschlägen auf die Häuser zweier Unterhausabgeordneter in der mittelenglischen

Grafschaft Yorkshire? Inspector Angel steht in Bromersley vor einem Rätsel. Vor allem, weil von den zwei Hauptverdächtigen, die für das Feuerlegen mittels Brandbomben in Frage kommen, der eine, politischer Aktivist für die Freigabe von Drogen und Sohn des chinesischen Großrestaurantbetreibers Wong, wie vom Erdboden verschluckt ist; und der andere, vormals Wongs Buchhalter, mit Namen Conrad Sweetman, der wegen Unterschlagung zwei Jahre im Gefängnis saß, zu beiden Attentatszeiten betrunken in einer Zelle des benachbarten Polizeidistrikts einsaß. Nun wird ein dritter Parlamentarier durch ein anonymes Schreiben gemahnt, für die Freigabe von Drogen einzutreten, ansonsten seien er und sein Haus an der Reihe.

Und, letztes und übergrößtes Rätsel, was hat es nur mit den schwarzen Regenschirmen auf sich? Angel entdeckt sie in Sweetmans Reihenhaus. In einem Zimmer hängen zwölf Schirme von der Decke. Sie sind symmetrisch angeordnet, mit etwa einem Meter Abstand zueinander. Unter ihnen, auf dem Boden, sechs Schirme. Und das Allermerkwürdigste: Als Angel darangeht, einen der geschlossenen Umbrellas zu öffnen, rieseln Reiskörner heraus. Jeder Schirm ist mit Reis gefüllt.

Der englische Krimiroutinier Roger Silverwood inszeniert in »The Umbrella Murders« (2007; revidierte Ausgabe 2019), Band 7 seiner »Yorkshire Murder Mysteries«, ein leichthändig vertracktes Spiel um das abstrakte Wesen des Regenschirms, um Offenes und Verschlossenes, um Verborgenes und aufzuspannende Enigmen. Dass der Titelgegenstand final eine eher indirekte Rolle spielt, ist gegenüber dem Symbolgehalt nachgeordnet. Immerhin gelang es Silverwood, mit den bedrohlich vertikal angeordneten Schirmen ein Symbolzeichen zu kreieren, das sich als visueller Marker eindringlich dem Lesegedächtnis einschreibt.

Dass Schirme herren- wie damenlos real Menschenleben dahinraffen können, zeigt der tödliche Unfall, der im August 2022 auf einem Strandabschnitt von Garden City, South Carolina, USA, passierte. Tammy Perreault, 63, wurde von einem durch eine Windbö herumgeschleuderten

An diesem Strand sieht es zum Glück nicht stürmisch aus. 14th beach and boardwalk, Ocean City, New Jersey, USA

Strandschirm, der nicht korrekt verankert worden war, aufgespießt und verstarb im örtlichen Spital. Die Verbraucherschutzbehörde der Vereinigten Staaten schätzt die Zahl der in den USA durch Strandschirme verletzten Menschen auf *pro Jahr über 3000*.

Jorghi Poll:
Schattierungen, 2023

KAPITEL 4

Der Regenschirm und die bildende Kunst

Etwas so Auffälliges wie der Regenschirm bietet sich der bildenden Kunst greifbar als dankbar aufgenommenes Motiv an, durch viele Jahrhunderte hindurch. Und recht prachtvoll.

Etwa auf Girolamo dai Libris in Opulenz schwelgender »Madonna dell'ombrello« aus dem Jahr 1530 (siehe S. 34). Das fängt an mit dem gut gewandeten Lakaien rechts unten, setzt sich über die Thronbespannung Marias mit dem Kinde fort und endet mit dem prachtvoll bestickten großen sechseckigen Schirm, den ein Putto über sie hält, ein mit Troddeln geschmückter Baldachin. Ein Jahrhundert später war die schirmische Hervorhebung der Macht ins Weltliche herübergewandert. In Anthonis van Dycks »Porträt der Marchesa Elena Grimaldi, Gattin des Marchese Nicola Cattaneo«, entstanden um 1623, ist der blutrote Schirm, den ein dunkelhäutiger Diener über die Marchesa hält, der Eyecatcher. Er lenkt sofort den Blick auf das Gesicht, das er umrahmt und durch den Farbkontrast erstrahlen lässt. Er ist auf dem dunklen Bild auch das Erhellende; und korrespondiert im aus dem Schwarz herausexplodierenden Farbton mit den Mantelaufschlägen (siehe nächste Seite).

1670 stellte Charles Le Brun den von 1635 bis 1650 als Kanzler von Frankreich amtierenden Pierre Séguier mit Gefolge dar. Beschirmt wurde der auf einem Schimmel Sitzende von einem Pagen mittels eines hohen Schirms mit verziertem Rand (siehe S. 36).

Bei Alessandro Mauros Zeichnung »La China condotta in trionfo dall'Asia« (1716), nach der Andrea Zucchi eine Gravur schuf, kann von Verzierung schon keine Rede mehr sein – es ist vielmehr

links: Anthonis van Dyck (1599–1641): Porträt der Marchesa Elena Grimaldi, etwa 1623

Rechte Seite:
oben: Alessandro Mauro: La China condotta in trionfo dall'Asia, 1716

mitte links: Francisco de Goya: Der Sonnenschirm, 1777

mitte rechts: Louis-Léopold Boilly (1761–1845): Passer Payez, ca. 1803

stupende hochbarocke Opulenz. Eine Repräsentationsbarke ist dargestellt, über und über verziert mit zahllosen, mehrstöckigen Schmuckschirmbaldachinen, unter deren Zahl, Größe und Dekor das Schiff mitsamt Ruderern sich nicht nur nicht von der Stelle zu bewegen scheint, es hat den Anschein, es könne jederzeit untergehen, schirmüberladen, wie es ist.

Giovanni Battista Tiepolo (1696–1770) setzte Schirme als exotisches Dekorum ein bei »Accampamento di Zingari« und bei »La Potenza della Chiesa nel mondo«. Francisco de Goya und dessen »El quitasol« (1777) ist dann Beispiel für Schirmgalanterie. Er selbst beschrieb es als sitzendes Mädchen mit Hundewelpen, der auf ihrem Rock liegt, neben ihr ein Junge, der einen Sonnenschirm über sie hält, Preis: *eintausendfünfhundert Reales.* Doch der Karton, Entwurf für eine Tapisserie, ist mehr. Eine raffinierte Verschränkung von Linien mit Pyramidenform. Zudem eine subtile Verschränkung mit- und gegeneinander agierender wie reagierender Farben, von Sonnengelb über Samtgrün (der Schirm) zu Blutrot und Hellgrün.

Louis-Lépold Boilly porträtierte um 1803 Pariser im Regen mit Schirmen (Passer Payez). Eine bürgerliche Familie des Empire, das Licht fällt vor allem auf die

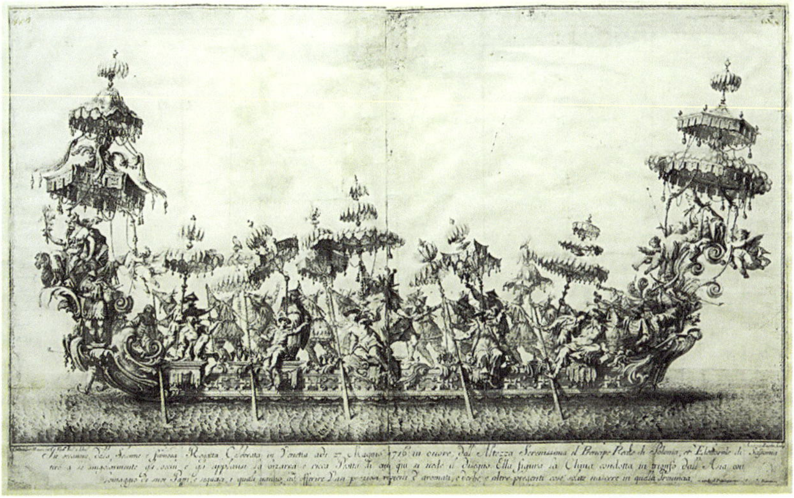

Ehefrau und die zweitjüngste Tochter, beide in Weiß gekleidet. Sieben Schirme sind auf dieser Straßenszene auszumachen, darunter ein hellroter, zwei grüne, ein dunkler.

140 Jahre nach van Dyck und nur zwei Jahrzehnte nach Spitzwegs biedermännisch-pittoresken Schirmidyllen versammelte Henry Mosler (1841–1920) in »Children under a Red Umbrella« (1865) drei Kinder. Durch und durch bürgerlich geht es hier zu, nichts von der Marchesa-Opulenz und Rangerhobenheit ist mehr zu sehen. Der große rote Schirm ist Schutz; dass hinter ihm eine Kirchturmspitze dunstig hochragt – kein Zufall.

Der zeitgleich sich entwickelnde Impressionismus fiel mit der endgültigen Verbürgerlichung zu-

Gustave Caillebotte: Pariser Straße bei Regenwetter, 1877

sammen. Gustave Caillebottes »Pariser Straße bei Regenwetter« von 1877 zeigt ein soigniertes Paris. Sichtlich gutgestellte wie gutgekleidete Bürger unter großen stahlblauen Schirmen auf einer breiten Straße in einem bürgerlichen Bezirk von Paris. Der Himmel ist fahlgelb. Es ist eine Art Konterpart zu seinen Gemälden »Ruderer auf der Yerres« (1877), bei dem auf zwei Arbeiter, die in einem Kahn rudern, herangezoomt ist, und »Parkettschleifer« von 1875. Ist Letzteres situiert in einem fast geschlossenen Raum und dabei hell, Licht fällt ein, sind die körperlich schwer Aktiven eingeengt in einen ungewöhnlichen Bildblickrahmen, so ist das einzige Freiluftbild, »Rue de Paris, temps de pluie«, das dunkelste der drei. Und je länger man es betrachtet, auch jenes, bei dem sich der Wirklichkeitsausschnitt als irreal erweist. Es wird immer mehr zum Weitwinkelpanorama, in dem, fast die Regel bei Caillebotte, jede Figur am Betrachter vorbeisieht. Geradezu plastisch sind die Schirme gemalt, durch Schatten nuanciert. Die Figuren sind Monaden, wie statische Ausschnittpuppen nebeneinandergesetzt wie voneinander fortgerückt.

Pierre-Auguste Renoir ließ auf »Les parapluies«, entstanden wohl zwischen 1881 und 1886, dunkelgraublaue Schirme sich drängen. Das Hochformat ist ein Exerzitium in Taubengrau, Dunkelblau, Fast-Schwarz mit wenig kontrastierenden Farbtupfern. Keine Aussicht, keine Ferne gibt es, Tiefe ist durch die Auf- und Aneinanderreihung der Schirme aufgehoben. Fast scheint das Bild abzuheben. Ähnlich perspektivbefreit ist Marie Bashkirtseffs »Le parapluie«, das 1883 entstand. Der Hintergrund ist eine hellockerfarbene Farbfläche, die das junge Mädchen in schwarzem Mantel und mit großem schwarzen Regenschirm umso modellierter hervortreten lässt. Sie blickt das Bildpublikum frontal an. Umgekehrt wird der Blick direkt auf ihr Gesicht, auf ihre Augen gelenkt.

In Georges Seurats Querformat »Un dimanche après-midi à l'île de la Grande Jatte« (1884–1886) herrscht Sommersonntagnach-

oben: Pierre-Auguste Renoir (1841–1919): Regenschirme, ca. 1881–86

unten: Marie Bashkirtseff (1858–1884): Der Regenschirm, 1883

Georges Seurat (1859–1891): Ein Sonntagnachmittag auf der Insel La Grande Jatte, 1884–1886

mittagsstatuarik vor. Es ist trotz der vielen Personen ein stummes Bild. Kommunikation findet auf der zur Entspannung aufgesuchten Pariser Seine-Insel nicht statt. Dafür gibt es Sonnenschirme, von ganz dunkel bis hellrot. Sie setzen die wölbenden Akzente in dem von Reihung geprägten Ölgemälde. Es führt bürgerliches Joie de vivre im Sommer vor, dessen Accessoire, modisch wie klimatisch, der Schirm ist. Noch prächtiger, weil auch dramatischer ob eines weißbewölkten blauen Hochsommerhimmels, ist Claude Monets »Madame Monet et son fils« (1875). Hier überwölbt sich die Frau madonnenartig mit einem dunkelgrünen Taftschirm, der am oberen Rand wie ein ruhiger Bildanker fungiert. Dreizehn Jahre später malte John Singer Sargent mit »Morning Walk« eine ganz ähnliche Darstellung. Einziger optischer Bruch: dass er die junge Sonnenschirmträgerin wieder in einem hellen, reich plissierten Kleid am Ufer eines Teichs promenieren ließ und sie quasi in die wolkenspiegelnde Wasseroberfläche, auf der auch Seerosenblätter treiben, einbettet. Ebenfalls ganz in Grün getaucht war Édouard Manets »Femme

Claude Monet (1840–1926): Camille Monet und Sohn Jean auf dem Hügel, 1875; John Singer Sargent (1856–1925): Morning Walk, 1888

avec un parasol« (1881): eine Auffächerung samtigen Grüns plus sandfarbenem Schirm.

Zu dieser Zeit begann der »Japonisme« in der europäischen Kunst, der Einfluss und die Rezeption ostasiatischer Kunst, der geraume Zeit anhalten sollte – ein spätes Echo findet man in Colin Campbell Coopers »Summer« von 1918: zwei junge Frauen in einem Boot auf einem See, der Hintergrund Monet-ähnlich, die linke Dame schützt Teint und Haut mittels farbigem japanischen Papiersonnenschirm.

Nach Japan war der Schirm via Korea aus China gekommen, vermutlich in der Asuka-Zeit (538–710). Anfangs ein hochexklusives Luxusgut und dem religiösen Kontext vorbehalten, wurden die mit wasserabweisendem Ölpapier bespannten Schirme mit geradem Stock und flacher Bespannung Allgemeingut. Das Schirmhandwerk war ebenso verbreitet; in der Edo-Zeit (1603–1868) war es Samurai in Geldnöten gestattet, als Extraverdienst sich diesem Handwerk zu widmen und sich durch Verkauf der angefertigten »wagasa« mit 30 bis 70 Bambusrippen etwas dazuzuverdienen. Der traditio-

Colin Campbell Cooper (1856–1937): Sommer, 1918

nelle japanische Schirm aus Holz unterteilt sich wiederum in vier Unterkategorien. In »Bangasa«, größer und schwerer, für Männer, »Higasa«, Sonnenschirme mit Papierbespannung, die nicht geölt ist, »Honshiki nodategasa«, groß und repräsentativ und in der Regel für Anlässe im Freien verwendet wie etwa Teezeremonien, »Ja no me kasa«, wörtlich Schlangenaugenschirme, diese haben konzentrische Muster, sind in der Regel leichter, haben weniger Rippen und sind für Frauen konzipiert. Sowie in »Maigasa«, ebenfalls leicht und fürs Tanzen gedacht. Letztere wurden im Kabuki-Theater verwendet. Es gibt auch öffentliche Schirmtänze, so in einigen japanischen Städten. Im August 2015 nahmen in der Großstadt Tottori 1.688 Menschen daran teil, womit der Eintrag als »Largest Um-

Lluís Masriera Rosés (1872–1958): Unter dem Sonnenschirm, ca. 1920

brella Dance« der Welt gesichert wurde. So ist es naheliegend, dass etwas so Herausstechendes wie ein farbiger oder mit Schriftzügen versehener Schirm auch in der japanischen Kunst unübersehbar wurde. In vielen Holzschnitten sind »wagasa« zu sehen, Schauspielern oder Geishas in die Haltehand gedrückt wie auch normalen Bürgern. Offen oder fast geschlossen. Bei Regen und bei Sonne. Im Winter und im Sommer.

Im Surrealismus fragte man sich oft: Was ist eigentlich *das Sujet*, der Gegenstand also, eines Bildes? Ist es, kann es – nach der Fotografie, nach dem Film – noch die Realität sein? Und wie groß ist der Spalt zwischen Gemaltem und Sprache? Der Brüsseler Surrealist René Magritte schrieb 1959 einem Freund, dass der *Titel eines Gemäldes* ein aus Worten konstruiertes Bild sei, Titel und Bild würden sich gegenseitig be- und anreichern und den Gedanken präzisieren, der jene Bilder liebe, deren Sinn unbekannt sei. Und genau dies ist der Fall bei seinem Gemälde »Les vacances de Hegel« (»Hegels Ferien«, 1958). Ein sich sachte nach oben verdunkelnder rotbrauner warmer Bildgrund.

Ein aufgespannter schwarzer Regenschirm. Auf dem ein Glas Wasser steht. Der ruhige, klassische Bildaufbau wirkt, je länger in Augenschein genommen, immer fragiler. Wie hält sich nur das Glas auf der Schirmspitze? Und was hat das Ganze mit dem deutschen Philosophen zu tun? Wo ist hier Dialektik? Antwort: überall. Die Kombination dreier Gebrauchs- und Verbrauchsdinge des Alltags, Schirm, Glas, Wasser, spricht von Vergänglichkeit wie von Ambivalenz, von der Verkehrung der Verhältnisse (was soll ein Glas auf einem Schirm? Wasser auffangen, wenn doch schon der Schirm den Regen abhält?) Dieses Stillleben ist ein Organismus. Und eine Meditation über organische Grundvorgänge, über Wechselwirkungen zwischen Menschheit und Natur, Natürlichkeit und Künstlichkeit. Nicht umsonst gingen dem scheinbar so simplen Bild, wie Magritte einer Freundin verriet, *hundert bis hundertfünfzig Skizzen* voraus.

Im Wortsinn jeden Rahmen sprengend, war Christos und Jeanne-Claudes riesige Landschaftsinstallation »The Umbrellas, Japan–USA«, die 1991 zeitgleich in einem Tal in Nordkalifornien und in einem Tal in Japan realisiert wurde. Beginnend am 9. Oktober jenes Jahres wurden 3.100 große Schirme aufgestellt, in Nordamerika vor brauner gebirgiger Landschaft gelbe, in Japan über Reisfelder hinweg blaue. in den USA auf 29 Kilometern Länge, in Japan über 12 Kilometer hinweg. Nach 18 Tagen wurde die 26 Millionen US-Dollar teure Landschaftsintervention wieder abgebaut.

Die Schirme sollten, so die Intention des Künstlerpaars, als dynamische Module fungieren, die Verfügbarkeit – zu ergänzen um: die Wandelbarkeit – des Landes reflektieren, dabei einladend wirken, Häuser ohne Mauern sein.

Auch gebaut, in der Architektur, hat der Schirm Widerhall gefunden. In Bauten für die Toten. Wie bei Gebäuden für Lebende.

In der Sepulkral-Architektur Indiens steht der nicht selten prominent verwendete Schirm als Stellvertretung der Himmel, in die die verstorbene Person aufgefahren ist. Im süd-

Die Ariyannur Umbrellas sind eine prähistorische Megalith-Grabstätte in Ariyannur im Distrikt Thrissur in Kerala.

indischen Kerala gibt es nicht wenige Beispiele für Koda-kallu, für Schirmsteine. Sie werden wegen ihrer Form so genannt. Es handelt sich um *Schlusssteine* unterirdischer Grabstätten. Ihre Anmutung bezeugt den Wert des dort bestatteten Menschen, dessentwegen er oder sie eines himmlischen Nachlebens würdig ist. Wohl am häufigsten zu sehen ist der Schirm, in Vorzeiten mutmaßlich erst ein Stab, auf Stupas, den buddhistischen Grabhügeln, aus denen sich feste Bauten mit symbolbehafteten Grundrissen entwickelten.

1858 setzte der katalanische Architekt Josep Vilaseca i Casanovas beim Haus Casa Bruno Cuadros, La Rambla 82, zwischen der Plaça de Catalunya und dem Kolumbus-Denkmal in Barcelona ein Quartett von Regenschirmgroßornamenten an der Fassade als Schmuckelement ein, eine Hommage an den Bauherrn, Señor Cuadros, der im Erdgeschoss ein großes Schirmgeschäft betrieb.

Anders, wortwörtlich, nahm ein englischer Architekt mutmaßlich eine Generation vor Vilaseca den Schirm, als er in Lyme Regis in der Grafschaft Dorset das »Umbrella Cottage« entwarf, welches mittlerweile denkmalge-

Das Umbrella Cottage in Lyme Regis in England

schützt ist. Reetgedeckt, ähnelt das einstige Häuschen eines Gärtners tatsächlich mit seinem heruntergezogenen Dach und seiner abgerundeten Form einem Regenschirm, zudem ragt ein Kamin mittig schmal hoch, als sei's die Schirmspitze.

1961 entwarf der Japaner Shinohara Kazuo (1925–2006) sein »Umbrella House«, gedacht als »Schirm« für eine kleine Familie und seinerzeit aufsehenerregend, weil das Dach mit pyramidenförmiger Anmutung damals erstmals außerhalb traditioneller Tempelarchitektur verwendet wurde. Das in Holzständerbauweise geplante rechteckige Haus sollte knapp sechzig Jahre später in Tokyo abgerissen werden; es wurde 2020 im Auftrag des Vitra Design Museums Weil am Rhein auseinandergenommen und binnen zweier Jahre auf dem Museums-Campus vollständig wiederaufgeklappt, pardon: wiederaufgebaut. Das durch Einfachheit bestechende Haus war Shinohara zufolge ein Update der Raumkraft in der »doma«, dem Raum mit Lehmboden in alten japanischen Bauernhäusern, mit Hilfe *eines »karakasa«*, des traditionellen japanischen Ölpapierregenschirms.

Ein weitaus größeres Projekt realisierte der deutsche Architekt Jürgen Mayer H. ab 2004 in Sevilla. Sein Entwurf »Metropol Parasol« gewann den Concours für eine 2010 abgeschlossene

Metropol Parasol ist ein Holzbauwerk in der Altstadt von Sevilla. Designt von Jürgen Mayer H., fertiggestellt 2011

Neugestaltung der Plaza de la Encarnación. Einst stand hier die Markthalle. Nach dem Abriss des Südteils Ende der 1950er-Jahre, einer Nutzung als Endhaltestelle einer Buslinie sowie nach dem kompletten Hallenabriss ein Pkw-Parkplatz, erwächst nun anderes dem Boden. Wie eine Ansammlung von Riesenpilzen, Parasole, so benannt nach dem flachen Sonnenschirm, mutet das Gebäude an, das diverse öffentliche Aufgaben erfüllt. Unter seinem Dach können Theater-, Musik- und Tanzveranstaltungen durchgeführt werden, unter der Plaza erstand die Markthalle neu, auf der untersten Ebene ist das städtische Archäologiemuseum. Die *tragenden Säulen der Parasole* stützen nicht nur das Dach, in ihnen befinden sich die Ein- und Ausgänge für Markt und Museum sowie der Aufgang zum Restaurant auf dem Dach. Denn dieses ist begehbar. Dort kann man, baulich aufregend beschirmt, je nach Sonnentagesstand und Jahreszeit, kaleidoskopisch immer andere Schattenmuster in Augenschein nehmen.

KAPITEL 5

Der Regenschirm und Musik, Film, TV

Wer ist denn der Tote, fragt, angelehnt an einen Stützbalken einer Hausveranda im French Quarter von New Orleans, der Agent in »Live and Let Die«, dem siebten James-Bond-Film von 1973, während ein Trauerzug um die Straßenecke biegt. Die lakonische Antwort des Mannes neben ihm lautet: Sie.

Und dann steckt schon das Springmesser zwischen den Rippen des Fragestellers. Er sinkt entseelt zu Boden. Der Trauerzug mit den Sargträgern und der in Trauermoll spielenden Olympia-Brass-Band macht einen Schlenker und biegt auf die Leiche zu, der Sarg wird abgesetzt, der Boden öffnet sich, die Leiche verschwindet darin. Der Sarg wird neuerlich geschultert. Drei Sekunden später stößt einer der Trompeter jubilierend in seine Trompete. Und alles ändert sich: Die gesamte Entourage feiert das Leben, es wird »When the Saints Go Marching In« intoniert, so schwungvoll, dass die Second Line, hinter den Bläsern, sofort ins Tanzen kommt. Mit Federn buntgeschmückte Schirme tanzen auf und nieder, fliegen herum, kreiseln.

Die englische Produktionsgesellschaft und der Drehbuchautor Tom Mankiewicz beuteten hier, schwarzhumorig, eine weit ins 19. Jahrhundert zurückreichende Tradition aus. Der zu Hause aufgebahrte Tote wurde in der Hafenstadt in Louisiana in einem festlichen Zug mit sonorer Musik zum Friedhof getragen. Auf dem Rückweg wurde dann Tanzmusik gespielt, nach 1900 immer »jazzigere«. Kurioserweise werden entsprechende Historikeraufsätze heutzutage illustriert mit – einem Standfoto aus dem James-Bond-Film.

Der amerikanische Crooner Dean Martin besang knapp zwanzig Jahre zuvor, Ende 1955, recht fröhlich »The Lady with the Big Umbrella«.

Der Name der Lady hatte sich in diesem Popsong zu reimen. Daher hieß sie Rosabella. Allezeit wird sie mit einem »fella« gesehen und mit ihrem »Big yella umbrella«. Mit dem Schirm in der Hand sei sie niemals scheu, was ihr eben auch den Mann an ihrer Seite verschafft habe. Denn eben dieser Schirm sei ihr Geheimnis und der große gelbe Schirm kette den Mann eng an ihre Seite. Auf dass sie, den Paarreim etwas strapazierend, reisen könne in exotische Ferne, und zwar mit ihrem umbrella nach Venezu-*ella*. (Zwanzig Jahre zuvor, 1933, reimte sich im Tin-Pan-Alley-Song »Under my umbrella« von Charles O'Flynn, George W. Meyer und Pete Wendling der umbrella auf »Cinderella«; allerdings gemahnt der Text inhaltlich eher an eine nur leicht verhüllte Vergewaltigungsfantasie.)

Dean Martin besingt eine mit weichschmeichelndem Streicherklang und La-la-la intonierenden Backgroundchor unterlegte Aufstiegsstory im Nachkriegsamerika. In diesem gelbbeschirmten Fall nicht vom Tellerwäscher zum Millionär. Sondern von der Schirmträgerin zur Gattin, die finanziell ausgesorgt hat.

Drei Jahre zuvor, im Frühjahr 1952, komponierte der Südfranzose Georges Brassens sein Chanson »Le parapluie«. Es war das zweite Lied auf Seite 1 seiner ersten, insgesamt neunzehn Minuten Musik aufweisenden Langspielplatte »La Mauvaise Réputation«, noch im Abspielformat 33 rpm. Die Platte lag im Winter 1953/1954 in den Plattenläden aus. Man hört in diesem Lied des sich zur Akustikgitarre selbst begleitenden Sprechsängers Brassens nichts von dem, was der österreichische Autor Hanno Millesi siebzig Jahre später in seinem Geräuschmacherroman »Der Charme der langen Wege« plastisch schildert, nichts von der Vortäuschung eines Hauptsegels, das prall im Wind blähend trocken knallt, was dadurch entsteht, dass ein Regenschirm auf Knopfdruck von alleine sich öffnet. Bei Monsieur Brassens geht es zarter zu, versonnener. Es ist eine Liebesanbahnungsromanze unter einem Schirm.

Es regnet, eine junge Frau ist schirmlos unterwegs, er hat einen, vorher bei einem Freund »ausgeliehen«, er offeriert seinen Schutz, sie sagt »oui«. Er fühlt sich erhoben, würde ein Stückchen Paradies nur gegen ein Stückchen Schirm eintauschen wollen. Sie genießen zu zweit »le chant joli«, den fröhlichen Sang, den der Regen beim Trommeln auf die Schirmseide erzeugt. Dann aber trennen sich beider Wege, sie sagt »Dankeschön«, und der Ich-Erzähler schaut ihr hinterher, immer kleiner werdend, *partir gaiement vers mon oubli ...*, fröhlich in mein Vergessen gehend.

In der Popmusik der letzten knapp einhundert Jahre wurde der Regenschirm wie erst recht sein solares Pendant nicht wirklich zum Gesangssujet promoviert.

Fast zur gleichen Zeit wie Brassens hatte der Jazztrompeter John Birks »Dizzy« Gillespie »Umbrella Man« aufgenommen, eine Komposition von 1938, damals populär geworden durch Kay Kyser & His Orchestra, die auch »The Umbrella Man«, einen englischen Song von 1924, im Repertoire hatten. Auch die Partridge Family interpretierte den Song, eine stilisierte Anpreiserei eines Schirmreparateurs und seiner Dienste, und die Searchers. Es sangen The Hollies umbrellös in »Bus Stop«, die Carpenters (»Rainy Days and Mondays«, worin das Ich ein »lonely clown« ist, weil sie oder er hörbar keinen Schirm dabei hat) und Astrid (»Red Umbrella« – Fazit: Mit einem roten Schirm wird das Leben besser, weil man allen auffällt). Yosi nahm Dean Martins Farbgebung von Neuem auf in ihrem Kinderlied »Under a Big Bright Yellow Umbrella«. Zu den jüngeren Beispielen gehören Bob Dylans »Series of Dreams« von 1991, in welchem im Traum der Schirm zugeklappt ist und die Aussicht somit mäßig und limitiert, und der französische Rapper Tiakola, der 2022 den Parapluie besang; in Frankreich gab es zwischen 1970 und 1973 auch ein Popmusikmagazin, das den Regenschirm im Namen trug, »Le Parapluie«. Untertitel: *Underground ouvert / Comme Le Sexe de Viva*, das dreizehnmal erschien und Texte US-amerikanischer Beat- und Underground-Dichter präsentierte.

Ein noch bekannterer Schirmsong dürfte Rihannas »Umbrella« sein. Dieser Hit des Albums »Good Girl Gone Bad« (2007) ist ein »you and me against the world«-Liebeslied. Rapper-Songwriter-Multi-Entrepreneur Jay-Z ist die Co-Sangesstimme. Er hat auch mit drei anderen den Track geschrieben und produziert, mit der Stimme Rihannas montiert und abgemischt. Dafür gab es ein Jahr später einen Grammy in der Kategorie »Best Rap/Sung Collaboration«, dazu die Nominierungen als bestes Album und bester Song. Global verkauften sich mehr als 6,6 Millionen Exemplare des Albums. Die Liedstruktur ist nicht wirklich raffiniert, die Stimme von Rihanna taucht erst in der dritten Sektion auf, digital leicht verfremdet. Wieder ist ein Paar im Regen. Und wieder ist der Regen das Symbol für eine abweisende Welt. Sie fordert ihn auf, mit unter den Schirm zu kommen. Dass alles gut enden wird, signalisiert das Outro. Denn im Finale versandet nicht der Refrain, sondern eine neue Melodie klingt auf. In beiden Songsektionen, versichert die Sängerin ihrem »baby«, er könne zurückkommen zu ihr, Streicher, Keyboard und Schlagwerk tremolieren dazu *dramatisch optimistisch.*

Alfred Hitchcocks Film »Foreign Correspondent / Mord (Der Auslandskorrespondent)«, der Ende August 1940 in die US-amerikanischen Kinos kam, endet auch dramatisch. Wenn auch nicht optimistisch. Eher pathetisch. Dieses Pathos ist das einzig Eindeutige des vom Engländer in Kalifornien inszenierten Films.

Es gibt hier Reisen, erzwungene Namensumbenennungen, Vertrauen und Verrat, doppeltes Spiel und das boshafte Spiel der Spionage. Einfache Dinge mutieren und werden einer Metamorphose verdächtigt – und das vom Publikum.

Es ist eine elliptische Reise, in der ein ahnungsloser Mann zum Helden mutiert. Joel McCrea verkörpert als New Yorker Zeitungsreporter, der sich nur sehr am Rande fürs Weltgeschehen interessiert, typpassend den All American Guy, der in Situationen gerät, die seine Verstandestätigkeit übersteigen. Er realisiert nicht, dass sein Leibwächter ihm nach dem Leben trachtet. Ihm wird zu spät klar, dass der Vorsitzende der Universal Peace Party ein Agent ist; und dieser Spion dann am Schluss heroisch das eigene Leben opfert.

Der Film spielt überwiegend in London, und stolz trägt Joel McCrea einen Bowler, der ihm dreimal abhandenkommt, bevor er mit einem amerikanischen Filzhut vorliebnimmt oder ganz barhäuptig geht. Hitchcock feiert weniger Amerika und die Amerikaner und deren reklamierte Supertugenden, vielmehr zelebriert er nonchalant und spitzbübisch ironisch die Doppelbödigkeit filmischen Erzählens. Der Kameramann Rudolph Maté, später selbst ein Crime-noir-Regisseur von Graden, und Art Director Alexander Golitzen inszenieren Bilder und Bildausschnitte, die die Rückseite des Harmlosen sind. Das Innere einer idyllisch abseitsstehenden holländischen Windmühle etwa scheint Piranesi entworfen zu haben. Nichts ist hier, was es ist, erst recht nicht das, was man sieht. Oder zu sehen bekommt. Auch welcher Handlung man glauben kann, der »äußeren« des Drehbuchs oder der eigenen inneren, parallel ablaufenden, dem wird der plane Boden weggezogen. Nur: Welche Handlung ist erkenntniskritischer? Denn alles ist hier schattig, verschattet, abgeschirmt, beschirmt; erst am Ende in Propaganda mündend, wobei alles zuvor davon im Grunde dekuvriert wurde.

So hat Hitchcock mit seinem großen Sinn für Bildkompositionen auch die erste große und vielleicht bis heute unerreichte Schirm-Verfolgungssequenz in Szene gesetzt. Die mit einer Täuschung einsetzt, einem Mann, der als Bildreporter eine Kamera vor Van Meer hält, diesen aber mit dahinter verborgenem Revolver erschießt. Wie sich herausstellen wird, ist der Mann tot, es war aber gar nicht Van Meer. John Jones alias Huntley Haverstock (McCrea) kämpft sich durch ein Meer aufgespannter dunkler Regenschirme, die ihn behindern, von denen er abprallt, es ist ein undurchdringlicher Schirm-Schutzwall. Für diese Attentatsszene auf der Kolossalfreitreppe umfasste das Szenenbild vier (!) Hektar inklusive extra installiertem Abwassersystem für den reichlich fallenden Studioregen, nicht zu vergessen den ikonischen Nahschnitt auf das von der Kugel zerfetzte Gesicht.

Der Film, den Hitchcock mit einer Riege von Schauspielern drehte, auf die er in früheren Filmen bereits zurückgegriffen hatte, kreist ums Schweben und das Fremde im Scheinvertrauten, es geht ums Verbergen und Enthüllen und um Abschirmung. Und so ist das eigentliche Kernmotiv in der Attentatsszene enthalten und strahlt von dort, in Schattierungen, Umdrehungen und Ausbuchtungen und Kurven – eben ganz wie ein Schirm –, aus. Die Academy of Motion Picture Arts and Sciences ehrte den Film mit sechs Academy-Award-Nominierungen.

Filmposter von »Singin' in the Rain«, 1952

Hollywood. Das wäre ein viel passenderer Titel, sagte Jahrzehnte später Regisseur Stanley Donen. Bekannt und weltberühmt wurde der Film als »Singin' in the Rain«.

Donen hat recht: Es geht gar nicht ums Wetter in diesem Streifen, der 1982 auf der Liste der besten Filme aller Zeiten der Pariser Zeitschrift »Cahiers du Cinéma« auf Platz 2 landete. Es geht eigentlich um Hollywood. Und um künstliche, künstlich erzeugte Illusionen, Träume und Schäume, Annahmen und kunstvoll stilisiert in Szene gesetzte – man denke an den 15 Meter langen wehenden weißen Schal Cyd Charisses in einer surreal erotischen Tanzszene – Traumzerstörungen.

Etwas über vier Minuten lang ist der Solotanz Gene Kellys, Choreograf *und Co-Regisseur*, in dem er mit Schirm verliebt durch den Regen tanzt, patscht. Der Regenschirm wird gewirbelt, er fliegt, er rotiert geschlossen, er rotiert geöffnet, als sei er ein Windanker. Schließlich, als Gene Kelly in einer großen Regenpfütze erstarrt, weil ertappt von einem

Streifenpolizisten, trollt er sich und schenkt nach wenigen Minuten dem entgegenkommenden Passanten seinen Schirm. Kelly, dessen letzter wichtiger Film dies war, bekannte, an Kinder gedacht zu haben, die im Regen ihre Faxen treiben – die einzige Schwierigkeit sei es gewesen, den Schirm synchron zur Musik zu bewegen und selber tanzen zu lassen. Wie so häufig, so Donen, habe es länger gedauert, die Szene trocken, ohne Wassersprinkler, zu üben und einzurichten, als sie zu filmen; nach anderthalb Tagen sei sie im Kasten gewesen. Was auch sein musste, weil es damals in Culver City und in den MGM-Studios *Wasserdruckprobleme* gab. Was beim mehrfachen Studieren der Szene ins Auge fällt, ist, was die Kamera sieht, wie die Kamerafahrt während des Tanzens gestaltet ist. *Fast atemlos* scheint sie ihn zu begleiten, selber beglückt ob des Glücks, das Kelly singend und tanzend feiert.

Am 21. November 1951 war der letzte Drehtag. Als Abschluss gab es eine Party. Der Filmarchitekt Randall Duell baute dafür auf Stage 28 einen Übergang, der zur Party führte, die in einem Setting stattfand, das einem Luxushaus nachempfunden war. Diese Passage besprinkelten Regenmaschinen, erinnerte sich Duell, und jeder, der zur Party wollte, musste *einen Schirm in die Hand nehmen* und durch den Regen gehen.

Einen Schirm in die Hand nehmen und durch den Regen gehen: Bereits im Vorspann von Jacques Demys Film »Les Parapluies de Cherbourg / Die Regenschirme von Cherbourg« (1964) wird deutlich, wie kunstvoll Regenschirme im (Kunst-)Regen choreografiert werden können. Und dass in ihren Farben Rot, Blau, Grau die Geschichte steckt, die folgen wird, eine bittersüße hochromantische Geschichte über Liebe und Cherbourg, Schmerz und Absenz, Vertrauen und Untreue. Romantik ohne Happy End ist das. Dafür wird ununterbrochen gesungen. Doch »Les Parapluies« ist keine Oper, keine Musikkomödie, weder Operette noch Musical. Getanzt wird an keiner Stelle. (Dafür ließ Demy 1967 in »Les Demoiselles de Rochefort« Gene Kelly (!) beschwingt durch die Stadt Rochefort-sur-Mer tanzen; und verschaffte 1988 mit »Trois places pour le 26« Yves Montand die erste Filmrolle, in der dieser singen und tanzen durfte.) Die geometrische Sequenz ist durchkonstruiert, führt abstrahiert vor Augen, was wichtig sein wird, Räume, Dekor und vor allem die Farben. Die Farben, *denen sich die Menschen zumeist anpassen und in die sie sich eingliedern.* Die Story ist simpel. Guy, Automechaniker, 20, liebt Geneviève, 17, Tochter der Eigentümerin der Schirmhandlung Les Parapluies de Cherbourg, sie wollen heiraten, die Mutter protestiert, sie verbringen eine letzte Nacht zusammen, da er – es ist das Jahr 1957 – zum Militärdienst im Algerien-Krieg eingezogen wird. Zwei Monate später realisiert Geneviève (Catherine Deneuve), sie ist schwanger. Die Post von Guy wird immer spärlicher, ein Diamantenhändler hält um ihre Hand an, sie willigt ein, heiratet diesen, zieht fort; Guy, der im Algerienkrieg verletzt wurde und im Spital lag, kehrt zurück, ist am Boden zerstört, dass Geneviève verschwunden ist, findet am emotionalen Tiefpunkt eine neue Liebe, kauft eine Tankstelle mit Autowerkstatt (das war ganz zu Anfang schon sein Lebenstraum), drei Jahre später, kurz vor Weihnachten, tankt Geneviéve dort zufällig, sie haben sich nichts zu sagen; außer, eines fernen Tages, von einem verpassten Leben zu träumen. Sie fährt weiter, er umarmt Frau und kleinen Sohn.

Gesungen ist dies von einem verführerisch lyrischen Melos, in das nicht wenig Sentiment eingestreut ist. Zudem treibt Demy die Farbgebung auf, teils über die Spitze hinaus, der verständnislose Brite Kenneth Tynan seufzte 1966, dass er selten jemals eine solche *Anhäufung irrelevanter Farbe* in einem Film gesehen habe. Doch das ist das alles überschirmende Signum des Universums von Demy – und Jacquot de Nantes wollte eigentlich *fünfzig Filme* drehen, die alle miteinander verbunden und in Raum und Zeit verschoben sein sollten, sich über gemeinsame Namen, Schauspieler, Bezüge, Zitate gegenseitig erschlössen; einige der von ihm realisierten weisen dieses sternenförmige Bezugssystem auf, so ist der in »Die Regenschirme« erfolgreiche Brautwerber Roland Cassard (Marc Michel, nun mit Schnurrbart) jener, der in Demys »Lola / Lola, das Mädchen aus dem Hafen« leer ausgeht.

Nicht nur in gewisser Weise ist »Die Regenschirme von Cherbourg« ein zeitenthobenes Märchen, kein verfilmtes Bühnenmusical, vielmehr ein *gesungenes Volksballett*. Und es ist eine Studie über offene und geschlossene Räume, über Enge und Weite und das Dazwischen – Jean Douchet meinte zu Recht, Demy sei der *Cineast des Dazwischen, zwischen den Dingen, zwischen den Wesen* –, über Signale und Hintergrundelemente, über Zartheit und Anmut und über die Farben von Zartheit und Anmut. Wie über Kälte und Wärme. Alles andere als ein Zufall, dass der Film, dessen Ursprungstitel »Infidelité ou Les Parapluies de Cherbourg« lautete, im kalten Winter, bei Schneefall endet. Mit Kälte. Am Ende sind hier Demys *Umschlagplätze für affektive Nachbarschaften* erstarrt, das Finale ist noch stummer als jenes in »Lola«.

Die Schirme, die Mme Emery, Genevièves Mutter, mit denselben Worten anpreist wie den Bräutigam, können nicht mehr schützen; zwei, drei Monate nach der Hochzeit verkauft Mme Emery ihr Geschäft. Als Guy zurückkehrt, platzt er in den Einzug des neuen Ladenbetreibers, der nun vor weißen Wänden – alle Farbe und alle Farbstreifen sind übertüncht – das wohl absolut Unromantischste der Jetztzeit verhökert, Waschmaschinen. *Jacques Demys filmische Kunst der Berührung oszilliert zwischen Wunsch und Desillusion, einer sich quasi biologisch erneuernden Reinheit des Wunsches gegenüber aller ihn abtragenden Erfahrung*. Den französischen Philosophen und Filmkenner Gilles Deleuze interessierte an »Die Regenschirme von Cherbourg« die Verschiebung der Handlung in die gesungenen Dialoge, damit einhergehend die Verschiebung der Welt und der Leidenschaften von einer psychologischen Situation in eine optisch-akustische. Dieser Film sei – im Signum des Regenschirms als Symbol wie als Warengegenstand – wahrlich ein impliziter Traum, ein verzauberter Kreis, eine *wahrhafte Verzauberung*.

1966 war dieser Regenschirmfilm in zwei Kategorien für den Oscar nominiert. Ein Jahr zuvor war bei den Academy Awards schon ein anderer Regenschirmstreifen in gleich dreizehn Kategorien aufgespannt, pardon: nominiert, worden; und obsiegte in fünf – Robert Stevensons Kinderbuch-Adaption »Mary Poppins«.

Die noch immer bezaubernde, überaus schwung- wie tanzvolle und fantasievoll-optimistische Disney-Produktion mit Julie Andrews und Dick van Dyke kam Ende August 1964 in die US-Kinos, lief erst Ende Oktober 1965 in Deutschland, Mitte Dezember 1965 in Österreich. Für damalige Verhältnisse ob der Montage von Realfiguren mit Trickfilm- und Animationssequenzen aufsehenerregend (und hierfür auch Oscar-gekürt), durchziehen Schirme den gesamten Film. Mary Poppins schwebt durch die Lüfte und hat einen aufgespannten Umbrella in der Hand; und die berufliche Demütigung und Degradierung von Mr. George Banks, dem höheren Bankbeamten, ist erst vollkommen, wenn seine Statussymbole zerstört sind, der Bowler durchlöchert, die Blume im Knopfloch halbiert und, das Schlimmste von allem, der schwarze Regenschirm umgekehrt, also lächerlich kaputt.

Am Ende redet sogar der Schirm, zumindest dessen grüner Papageienkopf. Und tröpfelt

Julie Andrews als Mary Poppins, 1963

einen Tropfen Bitterkeit, ein Löffelchen nicht voll Zucker, in das Finale des Familienglücks mit Winddrachen. Denn Mary Poppins, die zauberhafte wie zaubernde und bezaubernde Kinderfrau mit der Tasche voller großer Gegenstände, zieht weiter. Und wird der nächsten Familie Glück bringen, den Kindern wie den Eltern, ein harmonisches Familienleben und gute Erziehung.

2020 wurden als filmmotivischer Denkmalweg »Scenes in the Square« auf Londons Leicester Square, im West End der Ort für große Kinofilmpremieren, acht Bronzemonumente aufgestellt. Darunter war, schwingend an einer Laterne, Gene Kelly als Don Lockwood, mit geschlossenem Regenschirm in der Hand. Und auch, mit geöffnetem Regenschirm, eine Mary-Poppins-Büste; nachts wird sie von schräg unten blauviolett beleuchtet. Da aus Bronze gegossen, schwebt sie aber nicht. Dafür bleibt sie, Chim Chim Cher-ee, ewig jung. Es ist mit anderen Worten: Supercalifragilisticexpialidocious.

Ein Wort, das so schirmgeflügelt wurde wie eine andere Wendung: »Mrs. Peel, we are needed!«

Eine Serie, zwei Namen. Auf Englisch »The Avengers«, auf Deutsch »Mit Schirm, Charme und Melone«. Gedreht zwischen 1961 und 1969. Eine Minute, zwei Regenschirme.

In Episode 79, »The Town of No Return«, deutscher Titel: »Stadt ohne Rückkehr«, Auftakt von Staffel 4, sieht man in den ersten sechzig Sekunden zwei Engländer, jeweils mit einem Regenschirm bewehrt. Der eine ist John Steed, britischer Agent. Der andre jedoch ist falsch; kein Wunder, watet er doch in einem unförmigen plastiksackähnlichen Tauchanzug aus dem Meer an Land. Kein Wunder, kreist doch die Handlung dieser Folge um Doppelgänger und Menschenaustausch. Bei einem Recherchegang Steeds durch das Dorf Little kommt er auf den aufgelassenen Fliegerhorst der 33rd Squadron. Er hält inne, sinnierend über die lokale Kriegshistorie wie über seine eigene, und entbietet dem weiten leeren Feld einen Salut. Was deutlich zeigt: John Steed verkörpert in »Mit Schirm, Charme und Melone« den Offizier im Ruhestand, wie er noch in den 1950er-Jahren real auf den britischen Inseln anzutreffen war, in Tweed gewandet, mit Clubkrawatte, Bowler-Hut und – einem Regenschirm.

Mit dieser Episode, ausgestrahlt am 2. Oktober 1965, hatte Mrs. Emma Peel, verkörpert von Diana Rigg, ihren Auftritt. Und natürlich betätigt Steed den Klingelknopf an Peels Wohnungstür – womit? Mit dem Ende seines Schirms.

Die ersten drei Staffeln der Serie hindurch hatte sich John Steed modisch hochgemendelt infolge der Initiative des ihn verkörpernden Patrick Macnee, der ihn um Anzüge und Accessoires aus *seinem privaten Kleiderschrank* ergänzte. Anfangs erschien er noch, ein Humphrey-Bogart-Zitat, im hellen Trenchcoat. Bald jedoch eignete er sich altbritische Eleganz an. Das passte zu dem ironisch persiflierten Sechzigerjahre-England, in dem er ermittelte, einem Land mit Wissenschaftlern, die auf großen Anwesen residieren, mit Butlern und Liftführern in Hotels. Diese Kombination aus Avantgarde, Aneignung und Action wurde Jahrzehnte später von Guy Ritchie in »Sherlock Holmes: A Game of Shadows« (2011) wie von dessen englischem Landsmann Matthew Vaughn in der Comic-Verfilmung »Kingsman: The Secret Service« (2014) als Retro-Extravaganza traktiert; in einer andren Comic-Verfilmung, in Tim Burtons »Batman Returns« (1992), trug der Pinguin einen Regenschirm mit sich herum und nutzt ihn als Waffe. Dazu führte Steed makellose Manieren vor, die mit seiner verbalen, das Vulgäre weit umfahrenden ironischen Frivolität an Dorothy L. Sayers frechlippigen Meisterdetektiv Lord Peter Wimsey gemahnte.

In den Staffeln 4, 5 und 6, jenen mit Diana Rigg als ideal ironischer Konterpart Mrs. Emma Peel, ist im Vorspann Steed zu sehen, wie er aus seinem Regenschirm einen Stockdegen zieht und eine Blume aus einem Strauß angelt. Diese steckt ihm Mrs. Peel an. Diesen Degen sah man recht eigentlich in fast keiner Episode von ihm geführt; in »Small Game for Big Hunters / Afrikanischer Sommer«, Staffel Episode 16, gesamt gesehen: Episode 94, zieht er ihn aus einem Wanderstock. Fernes Echo hiervon ist die Szene, mit der Emma Peel eingeführt wird, die Fechtszene in ihrem Apartment, bei der er sie dann in einen Vorhang einwickelt, nicht wirklich gentlemanlike, wie sie zu Recht anmerkt.

Dafür wurde der zusammengerollte Regenschirm als Hieb- und Stich- und als Schlagwaffe von ihm verwendet, in »A Surfeit of H_2O / Tödliches Nass«, Staffel 4, Episode 8), einer Geschichte über *künstlich erzeugte Regenstürme*, auch als Schiebeinstrument, mit denen er Angreifer gegen eine Wand und wild durcheinanderzudrücken vermag. Mit dem Griff seines Schirms zieht er auch Verdächtige an sich heran, verwendet den »brolly« als eine Art Zwinge. In »The Cybernauts / Die Roboter« (Episode 81) verbirgt sich in Steeds Schirm eine Miniaturkamera; in »Two's a Crowd / 2:1 = 1« (Episode 90) wird ein Abhörgerät in einen Schirm eingebaut, den der russische Botschafter bei Steed deponiert; und in »A Funny Thing Happened on the Way to the Station / Diesmal mit Knalleffekt« (Staffel 5, Folge 13) nutzt Steed seinen Schirm als Diktafon und Emma Peel verstört den Eisenbahnliebhaber Crewe mit der Bitte »Wären Sie so nett und würden sich den Schirm anhören?«

Dass Steed eine Schusswaffe verwendet, kommt nur wenige Male vor. Darauf bestand Macnee, auch wenn er noch in der Schwarz-Weiß-Phase im Vorspann mit dem Schirm wie ein Gewehr »schießt«.

In der an Regenschirmen überreichen Episode »The Correct Way to Kill / Kennen Sie Snob?« (Staffel 5, Nr. 9) – hier wird auch umbrellös aufgespießt, tödlich durchbohrt wird der Regenschirmverkäufer, -experte und -tester – wird Steed als Persona von den Drehbuchautoren parodiert, drehen sich doch die 45 Minuten, wie so häufig, um eine Verschwörung. Dieses Mal geht sie von einer Geheimorganisation aus, einer »Brutstätte junger Gentlemen«, welche Briten mit perfekten Umgangsformen und in standesgemäßer Kleidung plus, versteht sich, Schirm global als Attentäter einsetzen will. Ironische Volte: Mastermind dieser Verbrecherorganisation ist – ein durchschnittlich gekleideter Russe. Mit Schirm und Florett, Reverenz ans erste Kennenlernen, müssen sich Mrs. Peel und Steed der Bösewichter erwehren. (Das Gegenstück ist die Episode »What the butler saw / Butler sind gefährlich«, Staffel 4, Episode 22, in der es eine Geheimorganisation mörderischer Butler gibt, bei der Ausbildung zum formvollendeten Butler brilliert Steed.)

Noch wichtiger im Vor- und im Abspann ist, dass Steed den Schirm wie ein tödliches Instrument einsetzt, ihn schwingt und keult und mit ihm sticht – und Techniken des Zweiten Weltkriegs verwendet.

Es wurden nämlich nach 1939 in der britischen Armee von Lt. Colonel William Ewart Fairbairn (1885–1960) Instruktionen für den Nahkampf mit einem Regenschirm als improvisierter Gentlemanwaffe entwickelt. Dabei war Selbstverteidigung mit einem Regenschirm bereits viel älter.

Entwickelt wurde diese Kampfform namens Bartitsu von Edward William Barton-Wright (1860–1951), anfangs für Ladys konzipiert, die Grobiane und andere unsittliche Subjekte abzuwehren hatten. Es war eine Mischung aus Schnelligkeit und Wendigkeit, im Grunde eine zeitgemäße Variante, wie es der Londoner »Daily Mirror« Anfang Januar 1902 erläuterte, des Fechtens und des Schwertkampfes. Damals waren in der gehobenen Gesellschaft bis dato unbekannte asiatische Kampfsportarten wie Jiu Jitsu Mode geworden. Für Männer wurden so bei Bartitsu, den »Gentlemen's Martial Arts«, bei dem der Straßenkampf zur zivilisierten Kunst physischer Raffinesse nobilitiert wurde, daraus bestimmte Arm- und Körperdrehungen integriert. (Arthur Conan Doyle ließ in seiner Geschichte »Das leere Haus« von 1903, Sherlock Holmes fehlerhaft von »Baritsu« sprechen, es sei Baritsu gewesen, das ihm, Holmes, das Leben gerettet hätte, nachdem er in »The Final Problem / Das letzte Problem« von 1893 mit dem Todfeind Moriarty die Reichenbachfälle hinabgestürzt war, womit Doyle ihn eigentlich ein für alle Mal hatte entsorgen wollen, und ihn dann unter Publikumsdruck reanimierte.) Konsultiert man Fairbairns »Get Tough! How to Win in Hand-to-Hand Fighting, as Taught to the British Commandos, and the U. S. Armed Forces«, ein 1942 publiziertes, mit vielen Lehr-Comics versehenes Buch, daher auch erschienen in der Reihe »Comics with Problems # 46«, so findet man hier auch den Kampfstil der eleganten wie coolen Mrs. Peel.

John Steed war televisionärer Schirm-Schwanengesang voller Schwung, Charme und Ambivalenz. Denn er verkörperte parodistisch das Requiem des Standes »Gentleman-Agent«. 1961 hatte der englische Schriftsteller Simon Raven über »The English Gentleman« philosophiert. Er habe lange nachgedacht, schrieb er, und sei zur Überzeugung gelangt, seinem (englischen) Publikum seine Auffassung darzulegen, dass es irrelevant und nahezu unmöglich sei, *überhaupt ein Gentleman* zu sein. Solche Män-

Jorghi Poll:
Drei Gentlemen, 2023

ner seien innerhalb der Gegenwart, und das Pop-Zeitalter des Wassermanns war gerade erst am Er- und Aufblühen, nichts andres denn Anachronismen. Und ein Ermittler mit Schirm? Ein doppelter Anachronismus. Während an allen vier Enden das englische Empire sich auflöste und Kolonien in republikanische Selbstständigkeit entließ, stellte Raven die Diagnose, der englische Gentleman erlebe soeben die letzte Phase seiner Überlegenheit. Ein Agent der Gerechtigkeit und effektiven Handelns sei er gewesen – was die Serienproduzenten Albert Fennell, Brian Clemens und Julian Wintle und der in die Rolle des Hauptdrehbuchautors wachsende Philip Levene spielerisch aufgriffen. Er verfüge über Fairness und Integrität, sei loyal zu Vaterland, Landsleuten und Kirche und zugleich sei er, mit distinguierten Umgangsformen, *deren Wächter*.

Noch in den ersten Apriltagen 1940 konnte die Reporterin Virginia Cowles in London bei einem Spaziergang durch den St. James's Park einen Mann im Nadelstreifenanzug beobachten, der mit grauem Hut und Gamaschen und, natürlich, einem *stramm aufgerollten* Regenschirm ausgestattet war. Die Amerikanerin wusste sofort, wohin dieser Gentleman ausschritt, auf Whitehall zu, aufs Regierungsviertel mit den Ministerien.

Auch in Tsui Harks Trilogie »Once Upon a Time in China« ist der Schirm sichtbares Charakteristikum für einen Beruf, den der Hauptfigur Wong Feihung, in Traditioneller Chinesischer Medizin geschulter Arzt und weithin bekannter Meister der Kampfkunst. Jet Li verkörpert ihn in den ersten drei Teilen (1991–1993), die gegen Ende der 1890er-Jahre spielen, in der deutschen Fassung etwas gekürzt sind, dabei nichts von ihrem chinesischen Nationalstolz einbüßten. Und auch nichts von ihren atemberaubenden Kampfszenen. Vor allem jene Actionsequenz in Teil 2, der um Manipulation, Verblendung und Massenpsychologie kreist, ist fünfzehn Minuten lang, in der Li die ersten drei Minuten mit Schirm gegen den Hohepriester und die Anhänger des »Weißen Lotus« kämpft, eine nationalistische Untergrundsekte, die die Briten aus dem Land vertreiben und deren Tempel Wong zerstören will. Wirbelnd trifft er mit seinem speziell hergestellten und verstärkten Filmschirm, wofür es in Hongkong noch immer einen Manufakteur gibt, Zehen und Füßen, Schienbein, Magen, Sternum und Gesicht.

In Woo-ping Yuens dynamischem Martial-Arts-Film »Iron Monkey« (China 1993, Drehbuch und Produktion: Tsui Hark), der Adaption der volkstümlichen Geschichte um einen chinesischen Robin Hood, der, »Iron Monkey« geheißen, nachts als maskierter Kung-Fu-Kämpfer den faulen, korrupten Gouverneur bestiehlt und dessen Gold unter den Armen und Hungernden verteilt, verkörpert Donnie Yen den Arzt, Heiler und Meister der Kampfkünste Wong Kei-ying. Daher ist dieser wieder als Standessignum mit einem europäischen schwarzen Regenschirm ausgestattet. Die ersten beiden von drei großen Kämpfen des Films werden mit dem Schirm ausgefochten, der zweite vom Sohn Wong Feihung. So lässt sich das Geschehen zeitlich rund fünfzehn bis zwanzig Jahre vor »Once Upon a Time« einordnen. Der Stockschirm ist hier Hieb- und Schlaginstrument. Verzichtet wird auf das, was Toshiya Fujita in seinem Rächerinnen-Metzel-Epos »Lady Snowblood« (Japan 1973) praktizierte, en gros herumspritzendes Blut (was Quentin Tarantino, der sich bei Fujita bediente, 2003 extensiv in »Kill Bill« zitierte; ähnliche Blutorgien inszenierte Tsui Hark bei »Die sieben Schwerter«, 2005, wo mittels Stahlschirmen enthauptet wird). Darin hat die Protagonistin als einzigen Begleiter einen Papierschirm und verwendet als Tötungsinstrument das im Stock des Schirms versteckte Schwert. Der Schirm repräsentiert derart stark die Identität des Vaters, dass der in Haft genommene Sohn Fei-hung ihn als beschirmenden Stellvertreter mitnimmt. Als er fiebernd in die Heilkräuterklinik überführt wird, greift er sich als Einziges den Schirm. In seinem Kampf wider Straßenrowdys benutzt er ihn artistisch wie ideenreich als Hieb-, Stich- und Dreschwaffe, einmal auch aufgespannt als, tatsächlich, original funktional eingesetzter Schirm.

Yimou Zhang, der seinen Verwirrspielfilm »House of Flying Daggers« (China 2004) in einem psychedelischen Farbrausch hatte ausklingen lassen, trieb 2018 seinem Film »Shadow« jede Farbe aus. Es regnet in diesem Martial-Arts-Film ungewöhnlich viel, ungewöhnlich ausdauernd, in lichtschluckender Permanenz. Von daher ist die Allpräsenz von Schirmen so notwendig wie logisch.

Anders ist »Shadow« zudem, weil langsamer, weil philosophischer als übliche asiatische Kampf- oder Kriegsstreifen (in seiner Gedankentiefe kommt er an »Tiger and Dragon« des Taiwanesen Ang Lee heran). Und so auffallend monochromatisch wie zwei Generationen vor ihm die Filme des französischen melancholisch-lebensmüden Poetischen Realismus, Marcel Carnés »Hafen im Nebel« von 1938 etwa. In der Deklination aller Graustufen, die die Kameralinse noch erfassen kann, reflektiert Yimou Zhang Enge. Offene Räume und Landschaften sind hier limitiert, auch ob des allgegenwärtigen Regens. Und geschlossene Innenräume werden immer schmaler, immer enger. Auch die Kampfflächen, auf denen gefochten und geschlagen wird, sind limitiert. Zeigen sie doch die Symbole von Yin und Yang. Die symbiotische Verklammerung und die simultane Verdoppelung spiegeln sich im Grundzug des Films, dem Doppelgänger. Ein junger Mann, als achtjähriges Kind seiner blinden Mutter weggelaufen, aufgenommen von einem reichen Mann und von ihm streng aufgezogen, fungiert als gesunder Doppelgänger des Generals des Reiches Pei. Dieser wurde so schwer verwundet, dass er nur noch ein Schatten seiner selbst ist, aber eines Schattens, sprich: Stellvertreters, bedarf, auf dass das Königreich nicht kollabiere und den Feinden zum Opfer falle. Das Problem des Einspringenden: Er zweifelt an der eigenen Identität, am eigenen Lebenssinn, am eigenen Sein. Zusätzlich emotional aus der Balance ist er ob der Zuneigung der Frau des Generals, die sich in ihn verliebt.

Bis zum Granitdunkelgrauschieferfarbenen stilisiert ist »Shadow«. Nirgends kreist die Kamera lustvoll. Alles ist unterdrückt. Und befreit sich doch. Das Befreiungsmedium, aufgelöst zum identitätstechnisch offenen Ende führt, ist – der Regenschirm. In harter Version. Als weiche, weil anfangs als

»weiblich-weibisch« eingeführte Kampfwaffe, die den Unterschied macht, da sie dem Gegner Bewegungsrätsel aufgibt.

Erstaunlich ist, dass fast 400 Jahre zuvor in einem englischen Bühnenstück, in »Rule a Wife, and Have a Wife«, einer 1624 uraufgeführten Komödie John Fletchers, symbiotisch passend zu »Shadow«, gefragt wird, ob nun Balance herrsche, das Herz ruhiger schlage, jetzt, wo ein Schatten vorhanden ... und ein Schirm:

Are you at ease now, is your heart at rest?
Now you have got a shadow, an umbrella,
To keep the scorching world's opinion
From your fair credit.

(Ist dir leichter jetzt? ist dein Herz in Ruhe?
Nun hast du einen Schatten, einen Schirm,
um der sengenden Welt Urteil
fernzuhalten deinem Ansehen.)

Jorghi Poll:
Geselligkeit, 2023

ANHANG

Nachweise

S. 9 *infiniment plus pernicieux et d'ailleurs platement bourgeois* Proust, Bd. I, 129

10 *Jahrtausende* Rankine, 4

10 *If we take a thing frivolously* Chesterton, vi

10 *am häufigsten in der U-Bahn von New York City* Olmert, 255

10 *grünen Taft-Parasol* Crawford, 158

10 *als Dienstboten zu Einstellungsgesprächen* Ebda.

11 *den Weg zurückfinden* Crawford, 159

11 *umbrella conscience* Gardiner, 55

11 *oft herabgesetzten* Alexander

11 *Love me, love my umbrella* Joyce, 16

13 *andere Dinge gut* Baum, 13

14 *Vagabondage aus einem ruppigen Kämmerchen* Nietzsche, Bd. 8, 508

15 *Meine Seele, ein Saitenspiel* Nietzsche, Bd. 6, 291

15 *Ich habe meinen Regenschirm vergessen* www.thenietzschechannel.com/notebooks/german/nachc/nachc12a.htm

16 *ein vergessenes Requisit, dessen* Hürlimann, 42

16 *Mittelwesen* Hürlimann, 15

16 *Die Gesamtheit von Nietzsches Text* Derrida, 193

16 *konnte man das Geprassel des Regens* Flašar, 1

17 *von der Zeit überrollt* Ebd.

18 *in denen die Stadt und* Ebd.

18 *ein Raum jenseits der Räume* Ebd.

18 *Ja, die blauen sind besonders hübsch* Ebd.

18 *Ordinarius in Oxford* Piper, 390

19 *the soft-falling shower* Whitman, 399

20 *nicht näher spezifizierten* Crawford, 159

20 *bei Starkregen* Rodgers, 11

21 *wenn sich die Vektorsumme aus Windkraft* Burckhardt

22 *Flâner, rêver, aimer* Julie Ferrero: Grasse, les parapluies roses sont de retour ... https://grassemat.info/culture/2021-04-20/grasse-les-parapluies-roses-sont-de-retour

23 *Regenschirm (Parapluie): ein Werkzeug* zit. nach Spary, 251

24 *das graueste Alterthum* Schmied, 1

24 *obskur* Les accessoires du temps, 7

24 *Ägypten, China und Indien* Farrell, 7

24 *in Japan, in Persien* Moses, 8; Vocke, 611

24 *der Schirm war die ursprüngliche Auszeichnung* Böhmer, 10

24 *dem Sohn des Himmels* Varron, 1891

24 *ein Diener* von Boehn, 123

26 *Symbol des Himmels* Les accessoires du temps, 11

26 *aus Seide* Moses, 7

26 *Es lässt sich schwer* Moses, 6

26 *das Himmelsgewölb* Crawford, 19 f.

26 *als gebogenem Dach* Crawford, 20
27 *isat-praghbara* Ebd.
27 *der König, den der* Crawford, 47
27 *König der Weißen Elefanten* Ebd.
27 *eine symbolische Funktion* Crawford, 49 f.
27 *als Wasserzeichen* Crawford, 42
27 *Priestern und Mitgliedern* Crawford, 63
31 *Herrschafts-, Würde- und Rangzeichen* Schramm, 518
31 *katholischen Kirche* Hürlimann, 15 f.
32 *recht praktisches Ding* Martial, Apophoreta, XXVIII
32 *durch die Farbe* Crawford, 29
32 *drei Weizenbüschel* Crawford, 30
32 *Sonnenkult* Crawford, 30 f.
32 *aber der Herrscher* Olmert, 252
33 *der mit beiden Händen* Schramm, 581
33 *Sie zeigt den Papst* Schramm, 584
33 *Baptisterium San Giovanni* Schramm, S. 584 f.
33 *der Schirmträger* Spary, 5 f.
33 *Abwandlungen Baldachin* Kiener, 214
34 *Gott Brahma* Crawford, 38
34 *Schutz vor negativen Energien* Olmert, 253
34 *schirmförmigen Muttermal* Crawford, 38
34 *hui-kai* Crawford, 32
34 *in Lelang* Ebd.
34 *pi-chi* Needham, 70 f., 594
35 *über drei oder vier Menschen* Crawford, 95 f.; Uzanne, 30
35 *vier Dukaten* Crawford, 96 f.
35 *Sir Henry Unton* Crawford, 97
35 *Ombrella, a fan* zit. n. Crawford, 97
36 A Lady *fall* www.hollowaypages.com/jonson1692devil.htm
36 *Was viel kostspieliger* Coryate, 81 f.
36 *the rain it raineth every day* Bowen, zit. nach Brandreth, 314
37 *pro Monat an 12,4 Tagen* www.showerstoyou.co.uk/latest/2021/03/top-20-rainiest-cities-uk/
37 *zwischen 1620 und* Vocke, 612; siehe Mallalieu
37 *Direktimporte* Clyde & Black, 64
37 *Robinson* von Boehn, 143
38 *a fine parcel* Crawford, 103
38 *The young gentleman* Crawford, 106
39 *Ich bemerkte, dass* Hanway, 210
39 *effeminate ninny* Spary, 13; Waters; siehe The Times, 16.10.1934, S. 15
40 *Gatward's new invented* Waters
40 *The people here* Zit. n. Crawford, 114
41 *keine Kutsche* Uzanne, 41 f.
41 *Pont Neuf* Crawford, 118
41 *billigen flachen Parasol* Ebd.
41 *Carlo Goldoni* Morazzoni und Restelli, 44
42 *the fencer, the twirler* Upright, 16
42 *in einer Menschenmenge* Spary, 23
42 *Not all heroes* Waters
45 *des Stahlschirmgestänges* Hausenstein, 135
45 *Die Regenschirme sind das* Keeß, 270

45 *weniger dichte Schusseinstellung* Meyers Enzyklopädisches Lexikon. Bd. 23, 156
45 *werden wohl die* Keeß, 271
46 *die Erfindung neuer* Keeß, 83
46 *welche sich zumeist* Ascher, 139
47 *in den meisten Fällen* Spary, 86
48 *110 Schirmmacher* Spary, 89
48 *etwa zwanzig* Spary, 97
48 *müssen sie leider* Reyer und Schweigert, 65
49 *Es gehet niemand* Mandelslo, 119
50 *Schirm / der* Stieler, Teil 2, 2050
50 *Parasol, Heißt* Amaranthes, Sp. 1416
50 *Parasol, so nicht weniger* Barth, 196
50 *Regentuch* Spary, 24; Alex Kords: Vom Sonnensegel zum Knirps. Kulturgeschichte des Regenschirms, issuu.com/sister_magazine/docs/de_sistermag44/s/49390
50 *Filzhut* Anziehungskräfte, 469
50 *ultraviolette Strahlen* siehe Schnitzler; sowie Ledford
50 *MUSCADINS und* Anziehungskräfte, 471
51 *leicht unreinlicher Erscheinung* Crawford, 136 f.
51 *der Korse* Roberts, 544
52 *lächerlich zu machen* Crawford, 152
52 *combat uniform* Weiner
52 *Geschmacksmonopol* van Dülmen, 76
52 *Die aristokratische Gesellschaft* von Boehn, 142
52 *Da unser Schirm* Kiener, 214
52 *meteorologischer Phänomene* Corbin, 9
52 *mittels eines Bandes* Spary, 12
53 *in die Tasche zu* Bernasconi, 159
54 *im Sudan* Crawford, 155
54 *Uniformen* Sagalow, 474
54 *in Glockenform* Sagalow, 471
54 *Le parapluie vitré* Crawford, 147
55 *aus Fischotter oder Marder* Sagalow, 475
55 *Zeichen für Sportlichkeit* Crawford, 148
55 *Zeichen des Vertrauens* Crawford, 156
57 *immer rigider geworden* Laikwan, 62
58 *zur globalen Ikone* Laikwan, 3
59 *Den Hut aufzusetzen* Goethe, 357
59 *Von einer verhältnismäßig* Spary, 292
59 *Höchst merkwürdig ist* Spary, 294
60 *Trocknet man einen Schirm* Spary, 292
60 *darf man nicht in einem Zimmer* Knortz, 39
60 *unter englischen Schauspielern* Jahrbücher des Verbandes Deutscher Schirm Spezialgeschäfte (VDSS) e.V., 123; Lang, 61
60 *Nebraska* Schweizer Volkskunde, 1/4, 1919, 11; vgl. Bächtold-Stäubli und Hoffmann-Krayer, Bd. 7, 1078; Crawford, 160
61 *nicht tanzen wollte* Crawford, 157 f.
61 *An Umbrella to* Crawford, 160
61 *Die alte Madame* Balzac, S. 17 f.

63 *pop up in many places* Owen, 27

63 *Meiste des Spitzauslaufenden* Ebd.

63 *Angst und Schrecken* zit. nach Owens, 27

64 das Gegenteil bewirkten Owens, 39

64 *mehr als 120 Stellen* Owen, 28

64 *Theateraufführungen der Präsenz* Owen, 28

64 *Kopfsalat* Owen, 39

65 *exceedingly clean* Dickens, Dinner, 617

66 *niederen sozialen Status* Carey, 128

66 *das überflüssige Detail* Orwell, 493

66 *most persevering umbrella* zit. nach Owen, 39

66 *would have been an* Dickens, David Copperfield, 393

66 *affectionate lunacy* Dickens, Bleak House, 55

66 *a great poke* Dickens, Bleak House, 783

67 *Of all the powers* Dickens, Please, 458

67 *seinen Schirm abgibt* Owen, 29

67 *und dann gingen ich* Dickens, Please, 459

67 *Niemand hört ihn, wenn er schreit* Hoffmann, 24

67 *Eskapismus* Enzensberger, 39

68 *ihr Neidhammel* Enzensberger, 39

68 *Nicht lange* Busch, 10

70 *Beispiel eines zivilisierten Geistes* Stevenson, 74

70 *Einen Schirm zu besitzen* Stevenson, 76

70 *in einem Liegestuhl* Stevenson, 80

71 *den lebensnahen* Crawford, 163

71 *Institut der Ehe* Freud, 92 f.

71 *gezähmten Riesenvögel* Ringelnatz, 35

72 *Hier entlang* Lewis, 21

73 *Brahms, for all his* Forster, 48

74 *wie Gras, wie Blumen* Bruckstein, 9

74 *die kosmopolitische Offenheit* Rushdie, 128

75 *Herren des Schirms* Crawford, 34

75 *Haut einer Kobra* Ebd.

75 *Regengöttin* Ebd.

76 *Durchmesser* Kostow 7 f., 18 f., 26

79 *pro Jahr über 3000* »Beachgoer killed after umbrella impales her in the chest in South Carolina«, The Guardian, 11.8.2022, www.theguardian.com/us-news/2022/aug/11/beachgoer-killed-umbrella-impales-chest

82 *eintausendfünfhundert Reales* Arnaiz, 80

89 *das Sujet* Bertoncini, 167

89 *Titel eines Gemäldes* Bertoncini, 170

90 *hundert bis hundertfünfzig Skizzen* Kahl

91 *Schlusssteine* Crawford, 39

92 *karakasa* architekturbasel.ch/zu-besuch-bei-kazuo-shinohara-umbrella-house-in-weil-am-rhein-wiederaufgebaut/

93 *tragenden Säulen* Lepik, in: Urbach und Steingräber, 150

96 *partir gaiement* Brassens, 34–35
96 *Underground ouvert* Loupien, 210 f.
97 *dramatisch optimistisch* Fonseca und Goldsmith, 17 f.
99 *Hollywood* Silverman, 142
99 *und Co-Regisseur* Yudkoff, 202
100 *Wasserdruckprobleme* Silverman, 163
100 *Fast atemlos* Silverman, 170
100 *einen Schirm in die Hand* Yudkoff, 218
101 *denen sich die Menschen* Horst-Peter Koll in: Ofner, 18
101 *Anhäufung irrelevanter Farbe* zit. nach Johnson, 2
101 *fünfzig Filme* Becker, 12 f.
102 *gesungenes Volksballett* Deleuze, 94
102 *Cineast des Dazwischen* zit. nach Ofner, 51
102 *Umschlagplätze für* Elisabeth Büttner, zit. nach Becker, 22
102 *Jacques Demys filmische Kunst* Becker, 8
102 *wahrhafte Verzauberung* Deleuze, 94
104 *seinem privaten Kleiderschrank* Bartitsu Society, Fischer, 14
105 *künstlich erzeugte Regenstürme* Fischer, 28
107 *überhaupt ein Gentleman* Raven, 10
109 *deren Wächter* Raven, 58
109 *stramm aufgerollten* Cowles, 469
112 *Are you at ease* zit. nach Crawford, 99

Literaturverzeichnis

Alexander, Stephen: Reflections on a Forgotten Umbrella, 09.08.2019, torpedotheark.blogspot.com

Amaranthes: Nutzbares, galantes und curiöses Frauenzimmer-Lexicon. Nachdruck der Ausgabe Leipzig 1715, Frankfurt/Main 1980

Arnaiz, José Manuel: Francisco de Goya. Cartones y tapices, Madrid 1987

Ascher, Arnold: Das Schirmgewerbe in Wien, in: Schriften des Vereins für Socialpolitik, Bd. LXXI, Leipzig 1896, S. 127–166

Bächtold-Stäubli, Hanns und Eduard Hoffmann-Krayer (Hrsg.): Handwörterbuch des Deutschen Aberglaubens, Berlin 1927–1942

Barth, Gottfried D.: Ausführlicher Bericht von der Gerade, So wohl insgemein, als auch in Sonderheit von Fuerstlicher, Graeflicher, und anderer Herren Standes, und derer von Ritters-Art Wittben Fraeulichen Gerechtigkeiten ..., Leipzig 1721

Bartitsu Society: John Steed's Gentlemanly Art of Umbrella Fighting, 22.12.2020, bartitsusociety.com/john-steeds-gentlemanly-art-of-umbrella-fighting/

Baum, L. Frank: Sky Island. Being the Further Exciting Adventures of Trot and Cap'n Bill after Their Visit to the Sea Fairies, Chicago 1912

Becker, Jörg: Demy Monde, in: Astrid Ofner (Hrsg.): Demy / Varda. Eine Retrospektive der Viennale und des Österreichischen Filmmuseums, 2. bis 31. Oktober 2006, Wien 2006, S. 8–32

Bernasconi, Gianenrico: Objets portatifs au Siècle des lumières, Paris 2015

Bertoncini, Marilyne: Physiologie du parapluie (Magritte-Giono), in: Littératures, Jg. 26, 1992, S. 167–177

Böhmer, Leo: Die Schirmfibel. Unterm Schirmdach durch die Jahrtausende, Duisburg 1953

Boehn, Max von: Das Beiwerk der Mode, München 1928

Brandreth, Gyles (Hg.): Oxford Dictionary of Humorous Quotations, Oxford 5. Aufl. 2013

Brassens, Georges: Die Chansons. Französisch–Deutsch, hrsg. und übersetzt von Gisbert Haefs, Wien 2022

Bruckstein, Ludovic: With an Unopened Umbrella in the Pouring Rain, London 2020

Burckhardt, Renata: Eine kleine Kulturgeschichte des Schirms, in: Neue Zürcher Zeitung, 21.03.2022, S. 42

Busch, Wilhelm: Der vergeßliche Stadtschreiber, in: ders.: Historisch-kritische Gesamtausgabe, Bd. 1, Hamburg 1959, S. 9–10

Carey, John: The Violent Effigy. A Study of Dickens' Imagination, London 1973

Carroll, Lewis: Through the Looking-Glass, London 1871

Chesterton, Gilbert Keith: Introduction, in: Charles Dickens: Hard Times, London 1907, S. v-xii

Clyde & Black: Umbrellas and their history, Cambridge 1864

Corbin, Alain: Histoire buissonière de la pluie, Paris 2017

Coryate, Thomas: Die Venedig- und Rheinfahrt A.D. 1608, hrsg. v. Hans E. Adler, Stuttgart 1970

Cowles, Virginia: Looking for Trouble. Bericht einer unerschrockenen Kriegsreporterin, Köln 2022

Crawford, T. S.: A History of the Umbrella, Newton Abbott 1970

Deleuze, Gilles: Das Zeit-Bild. Kino 2, Frankfurt/Main 1991

Derrida, Jacques: Sporen. Die Stile Nietzsches, in: Nietzsche aus Frankreich, hrsg. v. Werner Hamacher, Frankfurt/Main 1986, S. 183-225

Dickens, Charles: A Dinner at Poplar Walk, in: The Monthly Magazine, Jg. 16, 1833, S. 617-624

—: Please to Leave Your Umbrella, in: Household Magazine, Jg. 27, Nr. 423, 1.5.1858, S. 457–459

Dülmen, Richard van: Kultur und Alltag in der frühen Neuzeit. Bd. 1: Das Haus und seine Menschen. 16.–18. Jahrhundert, München 1990

Enzensberger, Hans Magnus: Die Furie des Verschwindens, Frankfurt/Main 1980

Fairbairn, W. E.: Get Tough! Get Tough! How to Win in Hand-to-Hand Fighting, as taught to the British Commandos, and the U. S. Armed Forces, o. O. 1942

Farrell, Jeremy: Umbrellas & Parasols, London 1985

Fischer, Franziska: »Mrs. Peel, wir werden gebraucht!«« Mit Schirm, Charme und Melone. Das Buch zur Serie, Berlin 1996

Flašar, Milena Michiko: Wofür steht ein Regenschirm? in: Der Standard (Wien), Beilage ›Album‹, 7./8.7.2012, S. 1–2

Fonseca, Anthony J. und Melissa Ursula Dawn Goldsmith: Listen to Hip Hop! Exploring a Musical Genre, Santa Barbara und Denver 2021

Forster, E. M.: Howards End, London 1941

Freud, Sigmund: Der Witz und seine Beziehung zum Unbewussten, Wien und Leipzig 1905

Gardiner, Alfred George: On Umbrella Morals, in: ders.: Pebbles of the

Shore, London und Toronto 1917, S. 53–58

Goethe, Johann Wolfgang von: Aus meinem Leben. Dichtung und Wahrheit Zweiter Teil, Neuntes Buch, Berlin [3]2014

Hanway, Jonas: Zuverlässige Beschreibung seiner Reisen von London durch England, Deuschland und Holland in den Jahren 1742 bis 1750 ... 2. Buch, Hamburg und Leipzig 1754

Hausenstein, Albert: Die Kulturgeschichte des Schirms, in: Jahrbuch des Verbandes Deutscher Schirm Spezialgeschäfte e.V., München 1926, S. 125–137

Hoffmann, Heinrich: Der Struwwelpeter oder lustige Geschichten und drollige Bilder für Kinder von 3-6 Jahren, 400. Aufl. Frankfurt/Main 1917

Hürlimann, Thomas: Nietzsches Regenschirm, Frankfurt/Main 2015

Jahrbücher des Verbandes Deutscher Schirm Spezialgeschäfte (VDSS) e.V., München 1927, S. 123

Johnson, William: Coming to Terms with Color, in: Film Quarterly, Jg. 1, 1966, S. 2–22

Jonson, Ben: The Devil is an Ass, 1616 www.hollowaypages.com/jonson-1692devil.htm

Joyce, James: Giacomo Joyce. With an introduction and commentary by Richard Ellmann, London 1968

Kahl, Joachim: Bildmeditation zu Magrittes »Hegels Ferien«, 2007, hegel-system.de/de/v331331magritte.htm

Keeß, Stephan von: Darstellung des Fabriks- und Gewerbewesens in seinem gegenwärtigen Zustande vorzüglich in technischer, mercantilischer und statistischer Beziehung. 2. berichtigte, viel verm. und mit einem Anhange bereicherte Ausgabe, Wien 1824

Kiener, Franz: Kleidung Mode und Mensch. Versuch einer psychologischen Deutung, München und Basel 1956

Knortz, Karl: Amerikanischer Aberglaube der Gegenwart, Leipzig 1913

Kords, Alex: Vom Sonnensegel zum Knirps. Kulturgeschichte des Regenschirms, issuu.com/sister_magazine/docs/de_sistermag44/s/49390

Kostow, Wladimir: Der bulgarische Regenschirm, Wien und München 1987

Lang, Karl: Schirm, Schirmhut und Schirmfächer, in: Völkerkunde, 4, 1928, S. 53–62

Ledford, Adam: Umbrellas in Japan, 5.8.2015, www.tofugu.com/japan/umbrellas-in-japan/

Les accessoires du temps. Ombrelles, parapluies. Ausst.Kat. Palais Galliera. Musée de la mode et du costume, Paris 1990

Lewis, C. S.: Der König von Narnia, Berlin ^{3}2016

Loupien, Serge: La France Underground. Free Jazz et Rock Pop, 1965/1979. Les temps des utopies, Paris 2018

Mallalieu, Huon: The long, unbroken reign of the umbrella, in: The Times (London) 24.8.1991, S. 19

Mandelslo, Johann Albrecht von: Des fuertrefflichen wolversuchten Meckelburgischen Herrn von Adel Johann Albrecht von Mandelslo Morgenländische Reise-Beschreibung, worinnen zugleich der Zustand der fuernembsten Ostindianischen Laender/Staedte und der Einwohner Leben Sitten Hanthierungen und Glauben; wie auch die gefährliche Schiff=Fahrt ueber das Oceanische Meer berichtet wird, Schleswig 1668

Maupassant, Guy de: Contes et Nouvelles, hrsg. v. Louis Forestier, Paris 1974, Bd. I, S. 1184–1192

Meyers Enzyklopädisches Lexikon. Bd. 23, Darmstadt 1978

Morazzoni, Giuseppe und Carla E. Restelli: L'ombrello. Contributo alla Storia della mode e del costume, Mailand 1956

Moses, Elisabeth Moses: Der Schirm. Kulturgeschichtliche Studie, Köln 1924

Needham, Joseph: Science and Civilization in China, Cambridge 1965, Bd. 4, Teil 2

Nietzsche, Friedrich: Sämtliche Werke. Kritische Studienausgabe in 15 Bänden (KSA). Hrsg. v. Giorgio Colli und Mazzino Montinari. München und New York 1980

Ofner, Astrid (Hrsg.): Demy / Varda. Eine Retrospektive der Viennale und des Österreichischen Filmmuseums, 2. bis 31. Oktober 2006, Wien 2006

Olmert, Michael: Milton's Teeth & Ovid's Umbrella. Curiouser and curiouser Adventures in History, New York u. a. 1996

Orwell, George: Charles Dickens, in: ders.: The Collected Essays, Journalism and Letters, Bd. 1: An Age Like This, 1920–1940, hrsg. v. Sonia Orwell und Ian Angus, Boston 2000, S. 450–504

Owen, John: Dickens's umbrellas, in: Daniel Tyler (Hg.): Dickens's Style, Cambridge 2013, S. 26–45

Piper, David: Geo-brolliology, or Climate and the Umbrella, in: The Geographical Magazine, Vol. 23, Nr. 8, 1952, S. 390

Proust, Marcel: À la recherche du

temps perdu. Du côté de chez Swann, Paris 1946
Rankine, Marion: Brolliology. A History of the umbrella in life and literature, New York und London 2017
Raven, Simon: The English Gentleman. An Essay in Attitudes, London 1961
Reyer, Sophie und Stefan Schweigert: Lost & Dark Places Wien. 33 vergessene, verlassene und unheimliche Orte, München 2022
Ringelnatz, Joachim: Fernflug, in: ders.: Flugzeuggedanken, Berlin 1929
Roberts, Andrew: Napoleon the Great, London 2014
Rogers, Nigel: The Umbrella Unfurled, London 2013
Rushdie, Salman: Victory City, München 2023
Sagalow, Annie: Schirme, in: Anziehungskräfte. Variété de la mode 1786–1986, hrsg. v. Münchner Stadtmuseum. Ausst.Kat. München 1986
Schmied, C.: Die Fabrikation der Regen- und Sonnenschirme sowie der Fächer. Ein nützliches Hand- und Lehrbuch für Alle welche sich mit diesem höchst einträglichen Gewerbe abgeben wollen, Weimar 1843
Schnitzler, Helene: Der Regenschirm, für den man keine Hände braucht, 15.03.2016, /www.news.at/a/regenschirm-nubrella-erfindung
Schramm, Percy Ernst: Der Schirm. Herrschafts-, Würde- und Rangzeichen in drei Erdteilen, in: Festschrift für Hermann Heimpel. Bd. 3, Göttingen 1973, S. 567–593
Silverman, Stephen M.: Dancing on the Ceiling. Stanley Donen and His Movies, New York 1996
Spary, Christiane: Parasol- und Parapluimacher. Sozialgeschichte eines regressiven Handwerks, Frankfurt/Main u. a. 1995
Stevenson, Robert Louis: Collected Works. Edinburgh Edition, Edinburgh 1894–98. Volume 21, 1896 – Miscellanies, Volume IV, S. 74–80
Stieler, Kaspar: Teutscher Sprachschatz. Nachdruck der Originalausgabe Nürnberg 1681, München 1968
Upright, Solomon: Hints to the Bearers of Walking-Sticks and Umbrellas, London 1809
Urbach, Henry und Cristina Steingräber (Hrsg.): J. Mayer H., Ostfildern 2009
Uzanne, Octave: L'Ombrelle, le Gant, le Manchon, Paris 1883
Varron, A.: Der Schirm, in: Ciba-Rundschau, Jg. 5, 1941/1943, Nr. 52, S. 1890–1922
Vocke, Helmut: Geschichte des Handwerksberufs. Bd. 2, Waldshut und Baden 1960

Waters, Michael: The Public Shaming of England's First Umbrella User. This pioneer of weather management was pelted with insults and trash, Atlas Obscura, 27.7.2016, Atlas Obscura. www.atlasobscura.com/articles/the-public-shaming-of-englands-first-umbrella-user

Weiner, Rachel: Obama puts Marines on umbrella duty, irking conservatives, The Washington Post, 17.4.2013, S. 17

Whitman, Walt: Leaves of Grass, Philadelphia 1891–92

Yudkoff, Alvin: Gene Kelly. A Life of Dance and Dreams, New York 1999

Abbildungsverzeichnis

Alamy: S. 25 oben, S. 103
The Trustees of the British Museum: S. 41
Mary Evans Picture Library: S. 56
Jorghi Poll: S. 3, 4/5, 6, 11, 21, 80, 108, 113
Oliver Schopf: S. 58
Wien Museum: S. 46, 47

gemeinfrei: S. 5, 12, 13, 14, 15, 17, 19, 22, 25 unten, 28, 29, 30, 31, 34, 35, 36, 37, 39, 40, 43, 44, 45, 49, 51, 53, 55, 57, 62, 63, 65, 68, 69, 71, 79, 82, 83, 84, 85, 86, 87, 88, 89, 91, 92, 93, 99, 118, 125, 128

Werbeplakat von Leonetto Cappiello, 1922

»Mrs Peel, you are re*mar*kable! –
Oh, my umbrella has broken.«
*Mit Schirm, Charme und Melone –
Folge 82: Death at Bargain Price /
Ausverkauf des Todes*, 1965

»Do you think it's going to rain?«
Tweedledee spread a large umbrella over himself
and his brother, and looked up into it.
»No, I don't think it is,« he said,
»at least – not under here.«

Lewis Carroll, *Through the Looking-Glass*, 1871

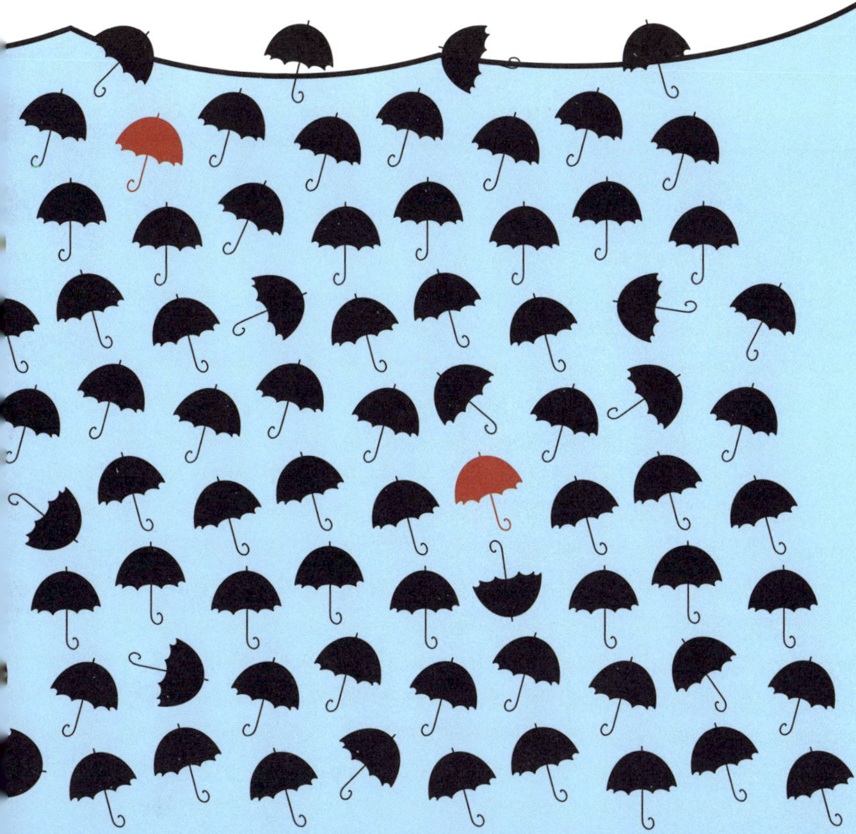

Alexander Kluy, geboren 1966, lebt als Autor, Journalist und Herausgeber in München. Er schreibt regelmäßig u. a. für *Standard*, *Buchkultur* und *Psychologie Heute*. Als Autor veröffentlichte er zuletzt u. a. »E.T.A. Hoffmann. 100 Seiten« (Reclam). In der Edition Atelier hat er zuletzt »Giraffen. Eine Kulturgeschichte« verfasst und den Roman »Jazz« von Felix Dörmann herausgegeben.

Erste Auflage

Buchgestaltung: Jorghi Poll
www.editionatelier.at
ISBN 978-3-99065-101-8

Klimaneutral Druckprodukt
ClimatePartner.com/17936-2308-1005